博士生导师学术文库

A Library of Academics by
Ph.D.Supervisors

特大型工程投资项目的
多主体冲突放大问题与治理

黄德春 贺正齐 张长征 著

光明日报出版社

图书在版编目（CIP）数据

特大型工程投资项目的多主体冲突放大问题与治理 /
黄德春，贺正齐，张长征著 . -- 北京：光明日报出版社，
2020.2

ISBN 978 - 7 - 5194 - 5361 - 9

Ⅰ. ①特… Ⅱ. ①黄…②贺…③张… Ⅲ. ①大型建
设项目—工程项目管理—研究 Ⅳ. ①F284

中国版本图书馆 CIP 数据核字（2020）第 008172 号

特大型工程投资项目的多主体冲突放大问题与治理

TEDAXING GONGCHENG TOUZI XIANGMU DE DUOZHUTI CHONGTU
FANGDA WENTI YU ZHILI

著　　者：黄德春　贺正齐　张长征

责任编辑：刘兴华　　　　　　　　责任校对：姚　红
封面设计：一站出版网　　　　　　责任印制：曹　诤

出版发行：光明日报出版社
地　　址：北京市西城区永安路 106 号，100050
电　　话：010 - 63139890（咨询），010 - 63131930（邮购）
传　　真：010 - 63131930
网　　址：http：//book. gmw. cn
E - mail：liuxinghua@ gmw. cn
法律顾问：北京德恒律师事务所龚柳方律师

印　　刷：三河市华东印刷有限公司
装　　订：三河市华东印刷有限公司
本书如有破损、缺页、装订错误，请与本社联系调换，电话：010 - 63131930

开　　本：170mm × 240mm
字　　数：190 千字　　　　　　　印　　张：15
版　　次：2020 年 2 月第 1 版　　印　　次：2020 年 2 月第 1 次印刷
书　　号：ISBN 978 - 7 - 5194 - 5361 - 9

定　　价：93.00 元

前　言

本书研究内容是国家自然科学基金"面向多元利益冲突放大的特大型工程项目社会稳定风险形成机理与治理研究"（71573072）的重要成果之一。

2019年1月习近平总书记在省部级主要领导干部坚持底线思维着力防范化解重大风险专题研讨班开班式上的重要讲话，强调了当前阶段中国防范化解重大风险的重要性。特大型工程项目由于其投资规模大、建设周期长、利益相关者众多、面临问题复杂等特性，建设过程出现的征地拆迁和环境损害等问题容易引发风险波及面广、影响范围大的社会稳定风险，不可避免地会对地区和国家的社会—经济—生态系统产生重要影响，引发的多元主体冲突与社会稳定风险也成为当前防范化解重大风险面临的重要问题之一。因此，在当前国家着重强调防范化解重大风险的背景下，属于重大风险范畴的特大型工程项目投资多主体冲突及其引发的社会稳定风险问题也成了社会各界关注的焦点和学术界研究的热点。

从以往的理论研究和文献综述分析不难发现，当前特大型工程项目多主体冲突及其引发的社会稳定风险研究主要聚焦于对社会稳定风险的评估与预警，而对于特大型工程项目社会稳定风险的形成机理与扩散过程研究缺乏完善的理论体系和系统性研究方法。本书基于特大型工程项目社会稳定风险的特征，利用社会网络分析方法界定特大型工程项目社会稳定风险的关键主体，研究特大型工程项目多元主体冲突放大下的社会稳定风险扩散问题，探讨在复杂网络环境下特大型工程项目的多元主体冲突如何放大以及社会稳定风险如何扩散，并基于多元主体冲突放大与社会稳定风险扩散两个阶段提出分阶段的治理机制。

首先，运用社会网络分析方法，构建特大型工程项目的"利益相关者－社会稳定风险"2－模网络，对其进行网络密度、中心度、结构洞等定量指标测度，界定出特大型工程项目社会稳定风险的关键主体。

其次，面向特大型工程项目关键主体间的冲突问题，分析三个关键主体之间的关系及其对社会稳定风险的影响，并构建当地群众与政府的主体冲突演化博弈模型，利用 NetLogo 仿真平台在复杂网络上进行仿真研究，探讨特大型工程项目的主体冲突如何放大。

再次，在讨论特大型工程项目多元主体冲突放大对社会稳定风险影响的基础上，基于改进的 SIR 模型建立小世界网络上特大型工程项目社会稳定风险扩散模型，并在复杂网络上进行仿真研究，探讨多元主体冲突放大下的社会稳定风险如何扩散。

最后，针对特大型工程项目多元主体冲突放大与社会稳定风险扩散两个阶段，结合前文仿真结果中得到的重要影响因素，提出包括特大型工程项目多元主体冲突放大化解机制与社会稳定风险扩散干预机制在内的两阶段特大型工程项目社会稳定风险治理机制。

本书的特点主要体现在于：与一般项目投资社会风险管理研究不同，本书聚焦特大型工程项目投资的多主体冲突实践问题，围绕多元主体冲突放大和特大型工程项目社会稳定风险形成、扩散和治理，通过利用复杂网络相关理论与方法，识别特大型工程项目社会稳定风险形成规律、演变特征以及治理着力点，建立特大型工程项目社会稳定风险防范和治理框架。不但完善了特大型工程项目投资多主体冲突与社会稳定风险研究理论体系，在一定程度上拓展了工程投资项目风险管理理论，并为我国特大型工程项目多元主体冲突与社会稳定风险化解提供了实践思路和方法。本书所开拓的理论分析框架、研究方法和研究结论，为特大型工程项目的相关管理部门决策和研究者研究提供了依据和参考，也为其他多元主体冲突与社会稳定风险问题分析和治理提供借鉴，具有重要的理论与现实意义。然而，由于时间、精力和研究内容的局限性，还存在许多不足之处，需要在今后的研究工作中进一步开展，敬请读者评批指正。

目　录
CONTENTS

第一章

绪　论

第一节　研究背景及意义

一、研究背景

1. 特大型工程项目投资的多元主体冲突是引发社会稳定风险的重要因素

特大型工程项目建设一直是我国经济增长的重要动力之一，为我国的经济社会发展做出了巨大的贡献，也是中央或地方政府稳定增长、宏观调控的重要手段和工具。近年来，重大水利水电工程、能源项目、化工项目等众多特大型工程项目纷纷开工建设，仅以重大水利工程建设为例，2017 年我国在建重大水利工程投资规模超过 9000 亿元人民币，其中新开工建设引绰济辽、滇中引水等重大水利工程 16 项。特大型工程项目是一个多主体、多项目的复杂大系统，具有投资规模大、建设周期长、利益相关者众多、面临问题复杂等特性，其管理决策环境面临着项目时空分散性、利益主体多元性、信息传播复杂性等诸多挑战，其项目实施往往涉及征地拆迁、生态环境、利益冲突、社会系统重建等问题，涵盖引发我国群体性事件的"三驾马车"（征地拆迁、劳资纠纷、环境污染），处理不当极容易引发社会矛盾，对社会稳定产生冲击。如四川汉源事件、重庆万州"10·18"事件、云南绥江"3·25"事件、南通排海工程群体性事件以及四川什邡"7·2"事件等，这表明特大型工程项目已经成为我国新时期社会矛盾的交汇点。

2. 各级政府与社会各界高度重视特大型工程项目社会稳定风险问题

2017年党的十九大提出"坚决打好防范化解重大风险的攻坚战"与"加强预防和化解社会矛盾机制建设"，到2019年1月习近平总书记在省部级主要领导干部坚持底线思维着力防范化解重大风险专题研讨班开班式上的重要讲话，都在强调防范化解重大风险的重要性。虽然目前化解重大风险主要关注的是金融系统风险，但社会稳定风险也属于重大风险范畴。由于特大型工程项目的特性，其建设不可避免地会对地区和国家的社会—经济—生态系统产生影响，特别是出现的征地拆迁和环境损害问题，存在着较大的社会风险，并且风险波及面广、影响范围大，具有导致衍生灾难的可能性，一直以来都是引发社会稳定风险的重要因素。社会稳定风险是政府"维稳"的主要管理对象，"维稳"是中国为了维护社会的稳定、经济的持续发展而做出的重要举措。中国政府从2011年3月在《中国国民经济和社会发展十二五规划纲要》中明确提出"建立重大工程项目建设和重大决策制定的社稳定风险评估机制"，到2012年国家发展和改革委员会制定出台了《重大固定资产投资项目社会稳定风险评估管理办法》，再到2015年政府工作报告中再次强调"落实重大决策社会稳定风险评估机制，有效预防和化解社会矛盾"，表明重大工程项目的社会稳定风险一直都受到政府和社会各界的高度重视，并已成为重大工程项目评估的重要内容。

3. 主体互动关系复杂网络是社会稳定风险传播扩散的重要载体

社会系统是一个特殊的复杂大系统，主体间的利益冲突是特大型工程项目社会稳定风险的根源，而主体间互动关系形成的复杂网络则是社会稳定风险传播扩散的重要载体。虽然我国一些地区和部门已经构建了本地、本部门的社会稳定风险评估体制，并在社会稳定风险管理工作中取得了一定的成绩，但尚未从根本上规避特大型工程项目社会稳定风险的发生，造成了"稳评"安全阀的失灵。究其原因，一方面是现有特大型工程项目社会稳定风险体制很难有效应对主体冲突，另一方面是忽视了复杂的社会网络关系对社会稳定风险形成与扩散过程的影响。现实世界中的很多系统都可以用复杂网络来描述，随着微博、微信、Twitter等社交网络的兴起，对于复杂网络的研究已经从自然科学的复杂网络扩展到了人类社会的复杂网络，并成了学术界与实务界关注的热点。在复杂网络中，特大型工程项目主体之间的冲突表现出一些新的特征，如主体之间形成的不同的网络结构改变了主体冲突演化结果以及显著影响了社会稳定风险扩散过程。这些新特征削弱了传统工程项目影响和社会风险管理理论对特大型工程项目社会稳定风险机理的有效认识和准确把握。因此，忽视复杂网络对特大型工程项目多元主体冲突及由此引发的社会稳定风险扩散的影响，只从特大型工程项目利益冲突的社会影响出发进行研究，无法从根本上把握特大型工程项目社会稳定风险的扩散机理，也无法据此提出全面有效、切合实际的社会稳定风险治理机制，其结果是特大型工程项目社会稳定风险管理制度化安排的"安全阀"失灵。

为此，利用复杂网络相关理论与方法，研究特大型工程项目社会多主体冲突及其引发的稳定风险扩散过程，提出符合其科学规律的社会稳定风险治理机制，是当前解决我国特大型工程项目社会稳定风险问题的一条可选择的途径，也是实践中面临的一项紧迫任务。

二、研究目的

在世界范围内，特大型工程项目一直是社会争论的焦点，存在着风险放大的事实。中国作为新兴经济体大国正经历着社会经济转型，局部、个体的特大型工程项目的主体冲突由于社会网络的广泛传播而无限放大，单纯的特大型工程项目主体冲突可能演变为波及范围巨大的群体性事件。特大型工程项目的主体多元化，既包括了政府、项目法人、承包商等项目管理内部系统多元主体，也包括了征地拆迁户、学者、社会组织等项目管理的外部多元主体。其主体冲突既有内部多元主体间的冲突，也有内外之间的交叉冲突，以及外部多元主体之间的冲突。主体冲突的演化无疑增大了社会不稳定的可能性，加上特殊的社会转型背景，也增大了特大型工程项目对地区社会稳定的威胁。社会稳定风险是影响特大型工程项目建设的重要影响因素，如果对于特大型工程项目引发的社会稳定风险不给予足够的重视，对于社会稳定风险的相关主体、风险因素、形成机理、扩散过程等缺乏系统的研究，势必不能有效地对特大型工程项目社会稳定风险进行防范，也不能减轻由此带来的对特大型工程项目的负面影响。因此，识别特大型工程项目社会稳定风险的关键主体，揭示现阶段中国特大型工程项目的主体冲突放大机理，以及在复杂网络下研究多元主体冲突放大下的社会稳定风险扩散过程，是本书的主要任务。为此，本书研究要实现以下三个目的。

（1）特大型工程项目的主体多元、涉及因素复杂，多元主体互动形成的复杂网络是社会稳定风险传播扩散的媒介，如何从复杂网络的视角研究特大型工程项目多元主体冲突放大与社会稳定风险扩散问题，探索建立多元主体冲突放大下的特大型工程项目社会稳定风险扩散研究框架，是本书的研究目的之一。

（2）复杂网络如何作用于特大型工程项目多元主体冲突放大与社

会稳定风险扩散过程缺乏具体的研究方法和工具，将演化博弈与传染病模型引入并置于复杂网络环境中，探索建立复杂网络上的特大型工程项目多元主体冲突放大演化博弈模型与社会稳定风险扩散模型，是本书的研究目的之二。

（3）如何治理多元主体冲突放大下的特大型工程项目社会稳定风险扩散，探索建立特大型工程项目社会稳定风险治理机制，是本书的研究目的之三。

三、研究意义

1. 重要的理论意义

在特大型工程项目建设和运营过程中，与特大型工程项目各主体相关的各种利益会不断发生变化，项目法人、承包商、征地拆迁户和周边社会公众等利益相关者的行为存在着极大的不确定性，主体冲突以及由此引发的相关社会问题会导致社会稳定风险的产生，这不仅会对特大型工程项目的成败有着关键的影响，同时也将影响地区的社会稳定，这些问题的解决离不开对特大型工程项目社会稳定风险的形成与扩散机理的研究。本书从多元主体冲突放大视角建立特大型工程项目社会稳定风险理论研究框架，从特大型工程项目主体冲突放大过程与形成的社会稳定风险扩散过程两个阶段分析多元主体冲突放大下的特大型工程项目社会稳定风险，最终基于两个阶段提出社会稳定风险治理机制。同时，本书通过将利益相关者理论、社会冲突理论、复杂网络理论、社会网络分析理论、委托代理理论等引入特大型工程项目社会稳定风险研究中，在一定程度上拓展了工程投资项目社会影响研究领域，丰富了特大型工程项目多元主体冲突研究与社会稳定风险机理研究，提升复杂系统科学、经济学、管理学、社会学多学科交叉理论研究，完善特大型工程项目社会稳定风险相关研究的理论体系。

2. 重要的现实意义

在目前的工程项目投资建设中，突出的社会冲突问题已经成为特大型工程项目规划建设难以回避的重要因素，一个小小的问题经常会演变成影响项目成败与地区社会稳定的大问题。例如，造价高达 170 亿美元、设计总装机容量为世界第三大水力发电大坝的巴西贝罗蒙特大坝，自 1975 年建坝规划被提出以来因遭到人权环保组织、土著居民的强烈反对而多次搁浅，被评为世界上最具争议的水坝之一；国内备受争议的厦门 PX 项目、南通启东 PX 项目等也因为公众抗议而停摆。这些特大型工程项目在带来巨大经济效益、社会效益的同时，也产生了征地拆迁、环境污染等影响社会公众利益的社会问题，如果不能得到有效的控制将会造成严重的社会影响，威胁社会稳定。由于特大型工程项目社会稳定风险的复杂性，缺失实验性验证，以往研究多沿袭从"理论"到"理论"，泛泛而谈，无法从操作层面提出具有指导意义的研究工具与方法，因此需要找到合适的突破点。本书致力于从"理论"到"应用"的研究范式，认识复杂网络对特大型工程项目社会稳定风险的影响，从主体冲突放大与风险扩散过程两阶段致力于多元主体冲突放大下的特大型工程项目社会稳定风险机理研究，旨在解决当前社会稳定风险评估体制无法从根本上规避社会稳定风险的问题，具有重要的现实意义。

3. 重要的实践意义

改革开放以来，尤其是进入 21 世纪以来，我国先后上马诸多特大型工程，如青藏铁路、京沪高铁、南水北调等一系列投资上千亿的超大型工程项目，这些特大型工程项目无一例外都涉及人民群众最为关心的现实利益问题，如征地拆迁、工程移民、生态补偿等。如何妥善解决特大型工程项目建设与人民群众关心的利益问题，一直是各级政府和社会各界关注的焦点。本书基于复杂网络理论，研究多元主体冲突放大下的社会稳定风险扩散问题，提出基于两阶段的风险治理机制，所开拓的理论分析框架、研究方法和研究结论，可以为我国特大型工程项目管理以及社会稳定风险管理提供实践思路和方法。

第二节 国内外研究进展

一、特大型工程项目的社会稳定风险研究综述

1. 工程项目的社会影响研究

20 世纪 70 年代以前，国际学者对工程项目建设的影响研究主要集中在经济效益方面，财务评价在项目评价中占据主要地位，这一阶段的理论基础是古典经济学（Little and Mirrlees，1968；Marglin and Sen，1972）。随着 1969 年美国《国家环境政策法案》（NEPA）被美国国会通过，社会影响评价被包含在环境影响评价之中正式提出。该法案规定"美国联邦政府投资或实施的所有项目和规划必须事先进行环境影响评价，并提供环境影响报告书"，这里的环境包括了自然环境和人文社会环境。随着特大型项目建设引发的社会问题不断受到重视，国际学者开始提出大型项目建设要兼顾经济发展和社会发展，获得了普遍的认同（Finsterbusch，1980）。此后，社会影响评价被纳入工程项目影响评价体系中，逐步形成了完善的社会影响评价体系（SIA）（Schnaiberg，1980；Vanclay，2003；Tilt 等，2009）。Becker（2001）描述了工程项目社会影响评价的定义及其评估角度，为社会影响评价奠定了理论基础。World Bank 从 20 世纪 70 年代引入社会影响评价，在 1984 年首次将"社会性评估"作为项目可行性研究的重要组成部分（Dani，2003），并将社会多样性和性别、机构的角色及行为、利益相关者、参与和社会风险作为社会影响评价的五个切入点（Krueger 等，2001）。除

此之外，亚洲发展银行（ADB）、英国国际发展部（CFID）、日本国际协力银行（JBIC）、泛美开发银行（IDB）等也都颁布了相应的社会影响评价指南。

我国对工程项目社会影响的研究起步于 20 世纪 80 年代，1983 年原国家计委规定"项目可行性研究报告应包括社会效益评价"。2004 年，中国国际工程咨询公司在出版的《中国投资项目社会评价指南》一书中对项目的社会影响评价做了系统的定义："识别、监测和评估投资项目的各种社会影响，促进利益相关者对项目投资活动的有效参与，优化项目建设实施方案，规避投资项目社会风险的重要工具和手段。"该定义一经提出，即在国内得到了广泛的认可。随着"以人为中心的可持续发展观"逐渐为人们所接受，工程项目的社会影响研究在国内得到了广泛关注和迅速发展，众多学者结合各自研究领域，拓宽了社会影响的研究边界，丰富了其方法与内容体系。李强等（2010）、贾广社等（2013）、滕敏敏等（2014）、朱瑞华（2017）从多学科交叉视角，对大型建设工程的社会影响进行了详细的探讨和分析，建立了基于中国国情背景下的大型工程社会影响评价基本框架与指标体系。王浩等（2015）从影响路径与作用机制入手，运用可计算一般均衡模型（CGE 模型），对纳入我国"十三五"规划的 172 项重大水利工程进行社会经济影响评价，为特大型工程项目的社会影响研究提供了新思路和新方法。此外，罗时朋和张松（2009）、He 等（2014）、张庶等（2014）、贺正齐等（2017）也分别将逻辑框架法、云模型、系统动力学、结构方程模型等方法应用到工程项目的社会影响研究之中。

2. 工程项目的社会风险研究

国外对工程项目社会风险的研究主要是建立在 Beck、Giddens 等社会学家对"风险社会"的研究基础之上，Beck 认为风险社会是现代化本身的结果，也是理解现代性社会的核心概念。此后，社会风险逐渐为社会学界所关注，众多学者从社会学、政治学、管理学等多个研究视角对社会风险进行了研究，同时也引起了一些国际组织的关注，World Bank 于 2000 年正式提出了包括风险控制、减灾战略和风险应对三个方面的社会风险管理策略，国际反贫穷工程师协会（EAP）2008 年总结了导致社会冲突的关键社会风险因素。对于社会风险的内涵，国内大量学者也进行了深入探讨，宋林飞（1999）指出社会风险是一定范围与时间内社会秩序一定程度的混乱，包括了破坏性与不确定性两重意义；熊光清（2006）认为社会风险是一种导致社会冲突、爆发社会危机的可能性。冯必杨（2007）认为社会风险是由于不公平竞争引起的某些个体或者群体的反叛行为而造成社会混乱的可能性。

目前，对于工程项目的社会风险尚未有一个统一的定义，学者从不同的视角提出了自己的见解。李世新（2007）认为重大项目的社会风险是在建设过程中对社会公众影响较大并且容易产生社会冲突的不确定性。Hu 等（2013）认为工程项目的社会风险主要指由于利益相关者面对特定事项做出不同反应，造成决策者与受影响的利益相关者相互之间爆发矛盾冲突，影响社会稳定的风险。季闯（2016）将重大工程社会风险定义为工程项目建设中由于管理、决策等行为对相关利益相关者产生较大影响，给利益相关者造成利益损失并导致社会矛盾与社会动荡的不确定性。也有很多学者从工程项目社会风险的识别、作用机理、评价、风险管控等方面进行了研究，韩传峰等（2006）和周红波（2009）分别利用故障树法与贝叶斯方法对建设工程进行社会风险识别。杨琳与罗鄂湘（2010）基于重大工程项目社会风险评价的具体含义，构建了包括经济、生态环境、社会、制度等四方面的社会风险评价指标体系。黄德春等（2012）认为重大水利工程的社会风险具有明显的牛鞭效应，刻画了社会风险牛鞭效应的削弱机制；王亮（2011）基于"刺激—反应"的视角对工程项目社会风险发生的作用机理进行研究，提出应当从主观的社会风险主体与客观的社会风险因素两方面进行工程项目的社会风险管理；Shi 等（2015）研究了如何管理中国城市化进程中基础设施项目的社会风险，从早期预警与一般应对计划两方面提出了政策建议来预防与减轻社会风险事件所引起的后果；Liu 等（2016）通过典型案例研究，从地方政府的视角探讨如何确定具体的社会风险，进而提出一揽子解决方案来减少与控制工程项目建设的社会风险。

3. 工程项目的社会稳定风险研究

特大型工程项目建设由于其投资规模大、影响范围广等特征，一般会影响工程所在地的生态环境和人类社会环境等方面（Tilt 等，2009；Mattarozzi，2011；Andre，2012），尤其是自然与人类社会在重构过程中会出现社会各个要素在时间和空间上的演化，这是一个无法控制的变量，一旦无法妥善处理将会给社会稳定带来巨大冲击（Folke，2006）。近年来，随着中国政府对社会稳定风险管理的高度重视，对于工程项目的社会稳定风险研究逐渐成为热点。学者对重大工程项目的社会稳定风险问题研究主要集中于两个方面。一方面，基于不同的视角与方法构建工程项目的社会稳定风险评估指标体系与模型。冯周卓和张叶（2017）将重大工程项目社会稳定风险因素归类为程序性风险、认知性风险与摩擦性风险，并基于三类风险因素构建了社会稳定风险评估指标体系；肖群鹰等（2016）构建了非干预在线评估模型，通过监测项目地民众的风险感知和负面情绪来评估重大工程项目的社会稳定风险。另一方面，主要是在分析重大工程项目社会稳定风险特征的基础之上，从不同的角度提出社会稳定风险的防控措施与治理机制（朱正威等，2016；胡象明，2016；余文学等，2016）。当前研究者多将公众参与和多元中心治理模式作为特大型工程项目社会稳定风险治理研究的重点（薛澜，2010）。唐钧（2010）认为社会维稳的风险治理本质是通过全方位的风险识别，采取科学的管理手段，实现政府系统联动、社会系统全面协同。

更多的学者以特定类型的大型工程项目为对象研究其社会稳定风险问题，例如重大水利工程（张长征等，2012；王波等，2016）、大型能源项目（曹峰等，2013；谭爽，2014；范晓娟，2018）、城市轨道交通项目（程书波和郭曼丽，2014；陈桃生，2015；刘晓慧和王志年，2017）、土地开发与整治项目（张鹏等，2010；项晓敏等，2015）、重大垃圾焚烧项目（谭爽和胡象明，2015；陈晓运等，2017；李佐娟，2017）等。其中以重大水利工程为研究对象的居多，孙元明（2011）研究三峡社会稳定问题时认为，由于三峡水利工程建设，三峡库区的社会人文环境需要一个长期重构的过程，非自愿性移民心态受市场经济影响发生了复杂变化。黄德春等（2013）基于社会系统脆弱性视角，从社会风险暴露、公众风险认知、社会应对能力等维度构建了水利工程建设社会稳定风险评估模型，提出了社会稳定风险控制的有效措施。He等（2018）基于利益相关者的视角，利用社会网络分析来调查重大水利工程项目的社会稳定风险因素及其相互关系，从融资渠道、利益补偿等方面提出了社会稳定风险管理策略。

二、特大型工程项目的多元主体冲突研究综述

特大型工程项目具有对社会民众影响面大、持续时间长的特点，在征地拆迁、移民安置、生活环境破坏、民族文化传统破坏、弱势群体影响等方面涉及的关系非常复杂，集不同主体的利益与矛盾于一体，处理不好往往会引发群体性事件，产生社会利益冲突（赵振亭，2014）。利益是人类生存和发展的需要，存在于不同的生活领域，一个特大型工程项目涉及许多组织、群体或个人的利益，所涉及的对象构成了工程项目的利益相关者。特大型工程项目的利益冲突主要包括了工程建设公职人员谋求个人私益与公共利益之间的冲突，也包括了政府、项目法人、拆迁户、移民等不同主体的利益诉求冲突，这些冲突都体现在主体之间的冲突。特大型工程项目的多元主体冲突往往随着项目建设周期和规模的扩散而变得更加激烈，各主体的利益诉求一旦无法满足，就会引发社会矛盾进一步激化。因此，特大型工程项目的多元主体冲突包括了个人私益与公共利益之间的冲突，也包括了特大型工程项目各相关主体之间的利益诉求冲突。

1. 利益与利益冲突

"利益"一词自古以来就得到了人们的关注，法国学者 Heinrich Diefrich（霍尔巴赫）将利益定义为"每一个人根据自己的性情和思想使自身的幸福观与之联系的东西"，美国著名法学家 Roscoe Pound 认为利益是"人们个别地或通过集团、联合或亲属关系，谋求满足的一种需求或愿望，因而在安排各种人们关系和人们行为时必须将其估计进去"；我国学者柳新元提出"所谓利益，是在一定社会生产发展阶段和一定社会关系约束下，需要主体以一定的社会关系为中介、以社会实践为手段，使需要主体与需要对象之间的矛盾状态得到克服，即需要的满足"。虽然学者们对"利益"的定义有所不同，但都认为"利益"是与"需要"相联系的，只有符合主体需要的才是利益。人们对于利益的追求是人类活动的动因和目标，因此自社会分工出现后利益冲突就普遍存在于社会的各个领域。

"利益冲突"是一个涉及社会学、法学、政治学和管理学等多学科的交叉概念，其内涵广泛、边界不清，学术界尚未形成准确的定义。国际经济合作与发展组织（OECD）认为利益冲突是公共部门的工作人员的自身利益与其工作职责之间的冲突。在社会学领域，利益冲突是指官员的私人经济利益足够影响或者可能影响官员履行公共职责，也指官员追求私人利益时与其有权力也有义务履行的公共利益相冲突（Willianms，1985）；而在经济学领域，由于每个人或组织希望自己的利益最大化，利益冲突则是利益相关者所追求的利益差别而引发的（张维迎和马捷，1999）；张玉堂（2001）在其著作《利益论：关于利益冲突与协调问题的研究》中将利益冲突定义为"利益双方基于利益矛盾而产生的利益纠纷和利益争夺过程，是利益双方的利益矛盾积累到一定程度所产生的一种激烈对抗的态势"。一般认为，利益冲突包含了对抗性与非对抗性两种基本性质，对抗性与非对抗性利益冲突之间在一定条件下是可以相互转化的（柳海滨，2008）。从冲突的类型来看可以分为交易型利益冲突、集体型利益冲突、影响型利益冲突、复合型利益冲突，也可以从利益冲突的过程进行分类（刘存亮，2013）。此外，大量学者对利益冲突的成因（Colander，1982；陈赟，2005）、利益冲突的化解（Boyce and David，2009；Ostrom E. and Ostrom V.）等问题进行了研究。

2. 工程项目的利益相关者研究

分析总结国内外不同学者对利益冲突的研究，不难发现，利益冲突的起点是不同利益主体之间的利益矛盾（杨晓敏，2010）。对特大型工程项目的利益冲突进行研究，首先界定其多元利益主体，也就是特大型工程项目的利益相关者。利益相关者理论起源于战略管理，1963 年斯坦福研究院将利益相关者定义为"对组织生存有至关重要作用的主体"。Freeman（1984）在其经典著作 *Strategic Management：A stakeholder approach* 中第一次明确提出了利益相关者理论，认为若一个个体或集体，能够对实现组织目标产生影响，或因为组织目标的实现及其过程的推进受到影响，这样的个体或者集体即为利益相关者。Donaldson 和 Preston（1995）认为利益相关者就是在法律上对一个集体性活动的程序具有利益的人或集团，并提出了三种研究利益相关者理论的方法。Grimble 和 Wellard（1997）界定了利益相关者分析，认为利益相关者分析就是通过识别关键行动者并评估他们各自的利益来获得对系统理解的方法或程序。由于利益相关者概念上的宽泛，对于利益相关者的分类也存在着不同标准，Charkham（1992）依据契约关系将利益相关者分为合同利益相关者（contract stakeholder）与社区利益相关者（community stakeholder）两种类型，Clarkson（1995）根据人们同企业相互关系的密切程度把利益相关者分为核心利益相关者（core stakeholder）、战略利益相关者（strategic stakeholder）、环境利益相关者（environmental stakeholder）三种类型，McElroy 和 Mills（2000）根据人们的态度，将利益相关者分为积极反对、被动反对、不承诺、被动支持、积极支持五大类。

在项目管理领域，Project Management Institute（PMI）将项目利益相关者描述为任何"积极参与项目的个人或组织，或者由于项目执行或为了项目成功而对其利益可能产生积极或消极影响的个人和组织"。大量学者已将利益相关者研究应用于工程项目管理中，例如城市重建项目（Radulescu 等，2016）、建筑项目（Oppong 等，2017）、环保项目等（Boumaour 等，2018），认为项目的利益相关者管理主要包括了四个步骤：利益相关者识别、利益相关者分析、战略发展和绩效控制（Aaltonen 等，2015；Mok 等，2015）。Bal 等（2013）通过对建筑行业可持续发展相关目标的研究，认为利益相关者参与过程应包括六个步骤：利益相关者识别、使利益相关者参与不同的可持续发展目标、确定优先次序、利益相关者管理、衡量业绩以及实现目标。其中最基本的问题是如何对利益相关者进行界定，并逐渐形成两种观点，一是从利益相关者与项目之间的关系入手，通过研究利益相关者对项目的影响来进行界定（Gibson，2000；Yang 等，2011）；另外一种类型是通过描述利益相关者对项目的贡献或者承担的风险来判定利益相关者的资格（Olander，2007；Walker 等，2008）。Pinto 和 Morris（2004）将项目利益相关者分为内部利益相关者和外部利益相关者两大类，Callan 等（2006）依据在项目管理中承担的责任将利益相关者分为管理者、执行者、责任顾问和普通顾问，Lin 等（2017）通过对建设项目中权利状况的排序来确定利益相关者的分类。在具体的利益相关者分类方法上，学者们提出了 Mitchell 评分法（Mitchell 等，1997）、Wheeler 社会性分类法（Wheeler，1998）、利益相关者分析图（Reed，2008）、社会网络分析法（Mok 等，2017）等多种方法。

3. 工程项目的多元主体冲突研究

特大型工程项目的建设实质上是一种经济活动，而工程本身又与社会密不可分，直接关系到公众的利益，即公众利益是工程项目利益冲突中的一个重要组成部分，也是其特征之一（肖平，2000；丛杭青和潘磊，2006）。国外学者从工程师的角度对工程项目中存在的利益冲突进行定义，指出工程师受到外部利益的影响而做出不利于雇主或客户的判断就是利益冲突（Davis and Stark，2002；Martin and Schinzinger，2005）。学者们针对特大型工程项目的利益冲突问题，主要从特大型工程项目利益冲突的成因与解决策略两方面进行研究。Markwick（2000）将项目产生的利益分配与成本分担问题视为利益相关者的利益冲突来源，并认为应当考虑利益相关者对经济与环境的多方面影响来解决项目中的利益冲突问题；Martin 和 Rice（2015）通过研究可再生能源发电项目，认为其在节约自然资源的同时也可能会对生态环境等造成一定的负面影响，从而产生利益冲突，并建议通过与利益相关者进行 360 度互动来解决利益冲突。此外，学者们对城市建设项目（Hu，2012）、征地拆迁项目（Frazier 等，2013）、水电开发项目（Rosso 等，2014）等各类特大型工程项目进行了相应的研究。

国内学者认为所有的社会矛盾和社会冲突的根源均在人们的利益关系中（毕天云，2000）。在风险社会背景下，工程项目利益冲突主要体现在公众利益诉求与政府、项目法人的决策之间的矛盾（孙元明，2011），表现为直接利益冲突、非直接利益冲突，其中非直接利益冲突较为突出。刘德海等（2010）认为社会群体的初始状态和不同社会群体获得的相对利益大小是冲突事件发生的影响因素之一，即各主体利益的失衡会导致社会冲突的产生（孙蕾，2016）。对于不同类型的特大型工程项目，学者们也从不同的视角采用不同的方法进行了深入研究。唐冰松（2016）从工程项目的全寿命周期出发，分析了利益冲突对工程项目绩效的影响机制和路径；唐耀祥（2014）针对 BT 项目中业主、投资建设方、施工方三个主要利益相关者，从行为经济学视角采用博弈方法研究了利益冲突问题；卢文刚和黎舒菡（2016）以广州市垃圾焚烧项目为例，认为政府与公众、政府与媒体、公众与专家之间的利益冲突是推动邻避事件发展的重要因素，应当通过各个利益相关方协调合作来解决；燕雪和张劲文（2015）基于跨境重大工程的特性，结合港珠澳大桥建设多元主体利益冲突解决的实例，构建了包括自适应柔性组织框架、决策冲突协调支持系统在内的多元主体冲突处理机制。

三、复杂网络上的演化博弈与风险传播研究综述

1. 复杂网络的发展历程

著名物理学家霍金称"21 世纪将是复杂性科学的世纪"，复杂性科学引发了自然科学界的巨大变革。由许多元素以及他们相互之间的各种关系组成的系统可以看作是一个复杂网络，其中网络节点是系统元素，网络连接是元素之间的相互作用。钱学森等（1990）给出了一个较为严格的复杂网络的定义：具有自组织、自相似、吸引子、小世界、无标度中部分或全部性质的网络称为复杂网络。在现实世界中，自然界与人类社会的许多系统都属于复杂网络的范畴，例如互联网（Barabasi，1999；Maslov 等，2004）、社交网络（Tam 等，2009；Centola，2010）、贸易网络（Gao 等，2015；Hao 等，2016）、交通网（Guimera 等，2005；Woolley 等，2011）、金融网络（An 等，2014；Jia 等，2018）等

都属于复杂网络的范畴。复杂网络理论的基础是著名数学家 Erds 和 Renyi 建立的随机图理论，随着人们对复杂网络研究的深入，复杂网络已经成为一个高度活跃的跨学科研究领域，囊括了计算机科学、统计学、物理学、社会科学等多个学科。

20 世纪末发表在 Nature 杂志上的"Collective dynamics of 'small – world' networks"与发表在 Science 杂志上的"Emergence of scaling in random networks"两篇文章分别提出了小世界网络模型与无标度网络模型，为研究者们利用网络描述实际系统提供了思路，进一步验证了真实世界网络是具有小世界效应和无标度特性的网络，为解决真实世界中的许多重要问题提供了一种现实的可行途径。目前，学者们对复杂网络的研究主要集中于三个方面。第一，基于强大数据分析工具对现实世界的分析，研究现实复杂网络的拓扑特性（Pastor – Satorras and Vespignani，2007；张宝运，2017）。第二，利用复杂网络理论研究众多现实系统的正常运行，Feng 等（2017）基于复杂网络理论提出了一个多层次模型来分析北京地铁网络的交通流模式，利用统计分析描述火车流量网络和客流网络的相互作用；Petrone 和 Latora（2018）、黄岩渠（2017）基于复杂网络的视角对金融网络的系统性风险进行研究。第三，基于显示网络特征的分析，研究复杂网络演化模型，在经典的 WS 小世界网络模型与 BA 无标度网络模型之外，Fan 等（2004）基于某些显示网络的局域特性建立了多局域世界演化网络模型，章忠志（2006）构建了一个将小世界网络与无尺度网络纳入一个框架之下的确定性统一模型。此外，复杂网络理论在流行病传播（Gomez 等，2006；蔡超然，2017）、信息扩散（Wang 等，2017；Tulu 等，2018；程军军，2013）、项目管理（Lee 等，2017；王爱民和林津普，2016）、国际贸易（Hou 等，2017；Du 等，2017；吴标，2017）等诸多领域得到了广泛应用。

2. 复杂网络上的演化博弈研究综述

1944 年"Theory of Games and Economic Behaviour"的问世标志着博弈论的正式诞生，构建了非合作博弈和合作博弈的经典博弈论框架，经过几十年的发展已经被广泛应用于经济、政治、生物等领域。诺贝尔经济学奖获得者 Nash 提出了纳什均衡，极大地推动了博弈论的发展。Smith 和 Price（1973）在研究动物争夺食物等有限资源时提出了演化稳定策略，发展形成了演化博弈理论。随着演化博弈理论的发展，国内大量学者将其应用到工程项目主体冲突及群体性事件冲突演化研究中，构建了多情景下的主体博弈模型，并进行相应仿真分析为工程项目的风险管理及群体性事件风险化解提供政策建议（刘德海等，2016；赵泽斌和满庆鹏，2018）。传统的演化博弈理论假设个体之间是以均匀混合的方式联系，即所有个体全部互相接触或者个体随机接触，但现实生活中个体间的接触是有限的，他们之间的联系并非完全耦合或者随机，而是具有特定的方式（杨涵新和汪秉宏，2012）。

Nowak 和 May（1992）对二维方格上的囚徒困境博弈进行了研究，将复杂网络理论与博弈论相结合，提出了空间博弈理论，复杂网络上的演化博弈研究开始得到了大量的关注。目前，复杂网络上的演化博弈主要集中于三个方面。第一，在特定的网络结构下，研究模仿最优者规则、模仿优胜者规则、配对比较、随机过程方法等不同的演化规则对演化结果的影响。第二，研究不同网络结构对演化结果的影响，对于规则网络，Szabo 等（2005）运用平均场近似方法研究了二维规则格子上的博弈行为，比较了 Kagome 格子和 4 点一圈规则格子上的演化情况，认为 Kagome 格子中存在的三角形重叠结构更加有利于合作行为的产生，并进一步研究了二维规则格子上的双策略进化博弈模型（Sazbo 等，2016）；对于无标度网络，Santos 等（2006）基于无标度网络上的囚徒困境和雪堆博弈分析了网络的异质性对几类博弈结果的影响，Rong 等

（2010）对无标度网络上的公共物品博弈进行了研究，发现网络的合作频率与聚类系数的大小成正比；对于小世界网络，Hauert 和 Szabo（2005）在保持度分布的情况下研究了小世界网络对于囚徒困境模型的空间博弈的影响，Fan 等（2017）以政府低碳补贴为对象，基于小世界网络构建演化博弈模型，对不同情况下的演化结果进行分析。第三，研究网络结构与博弈动力学的系统演化，Pacheco 等（2006）构建了一个策略演化和结构演化具有不同时间尺度的网络博弈模型，探讨了个体策略与网络结构的协同演化；Li 等（2007）考虑网络的稳态分布不是单尺度的，建立了一个可以动态演化成无标度网络的博弈模型。在国内方面，谢逢洁（2016）从博弈论和复杂网络的基本理论出发，全面总结了博弈论和复杂网络交叉领域的基本框架；在具体应用方面，刘德海和王维国（2012）根据社会网络拓扑结构构建了社会网络结构与策略的协同演化模型，并利用 NetLogo 社会网络仿真平台进行了案例分析；郑君君等（2014）以政府重大项目投资决策为研究对象，构建了参与主体的信息交互与社会网络演变规则，运用多元主体仿真方法研究系统各参数对社会网络演变过程的影响。

3. 复杂网络上的风险传播研究综述

现实中各类风险的传播都可看成是服从特定规律的复杂网络上的传染动力行为，而复杂网络上的传染动力学一直以来都受到学者们的广泛关注（Petermann and De Los，2004；张晓光，2014）。复杂网络存在明显异质性的结构特征，探讨各种风险在特定复杂网络结构上的传播动力学特征，进而提出有效的风险防范策略，复杂网络科学的发展为风险传播研究提供了一个全新的研究视角（王杏，2017）。复杂网络上的传染理论起源于经典的传染病模型，例如 Kermack 和 McKendrick 建立的 SIS 模型、SIR 模型等，随着小世界网络、无标度网络等各类型复杂网络研究的深入，基于小世界网络的传染模型、基于无标度网络的传染模型也得到了深入研究（Pastor - Satorras 和 Vespignani，2001；Zhang 和 Sun，2014）。

目前，复杂网络上的风险传播研究已经被广泛应用于供应链、金融、项目管理等领域。在供应链网络风险传播研究方面，Li 等（2016）基于农产品供应链的定义和特点，利用 SIR 模型开发了农产品供应链风险传播模型，论证了复杂网络理论在农产品供应链风险传播研究中的可行性；杨康（2014）基于复杂网络的传播动力学理论，构建了供应链网络风险传播演化动力学模型，并对比分析了三大免疫策略对供应链网络风险管理的效果。在金融风险传播研究方面，Wei 和 Zhang（2016）从平台间直接风险蔓延和其他金融机构间间接风险蔓延两方面构建了中国 P2P 借贷风险传染的复杂网络模型，并进行了动态模拟仿真，认为不仅作为传染媒介和信息不对称的金融机构会扩大风险蔓延的影响，而且媒体效应和信息不对称的叠加会更加放大风险蔓延效应；欧阳红兵和刘晓东（2015）从复杂网络视角，运用最小生成树法和平面极大过滤图法对银行间同业拆借市场进行了实证分析，研究中国金融机构的系统性风险传染机制，为防范系统性风险提供了有效手段；吴念鲁等（2017）利用复杂网络分析建立了基于机构的网络模拟模型，分析我国银行同业之间流动性分析传染机制，并提出风险控制的相关政策建议。在项目管理领域，Ellinas 等（2015）基于复杂网络方法提出了一个分析大型复杂项目的系统性风险的模型，通过网络的中心性度量研究单一的风险是如何影响复杂项目的成功的；赵晓晓和钮钦（2014）基于 SIR 模型建立了重大水利工程项目社会风险扩散模型，研究了复杂网络下的重大水利工程建设社会风险扩散路径，并提出了风险防范策略；李晓琳（2016）基于复杂网络视角，以 W 市过江地铁项目为例，建立了项目利益相关方风险网络，对网络的有效性、脆弱性进行定量分析，并研究了其风险扩散问题。

第三节 研究思路与内容

一、研究思路

本书遵循"关键主体界定—多元主体冲突放大—社会稳定风险扩散—社会稳定风险治理"的研究思路。基于特大型工程项目社会稳定风险的特征，界定特大型工程项目社会稳定风险的关键主体，开展特大型工程项目的多元主体冲突放大过程与多元主体冲突放大下社会稳定风险扩散的问题分析，探讨在复杂网络环境下特大型工程项目的多元主体冲突如何演化以及社会稳定风险如何扩散。在对关键主体界定、多元主体冲突放大及社会稳定风险扩散过程三个问题的研究中，始终考虑复杂网络的影响。在关键主体界定中，运用社会网络分析方法将特大型工程项目的利益相关者与社会稳定风险因素相联系，界定出特大型工程项目社会稳定风险的关键主体；在此基础上借助演化博弈方法研究关键主体间的冲突放大，并在复杂网络结构上仿真分析冲突演化结果；进一步探讨特大型工程项目多元主体冲突放大对社会稳定风险扩散的影响，分析多元主体冲突放大下特大型工程项目社会稳定风险扩散的复杂网络，并对传统 SIR 传染病模型进行改进，构建了小世界网络上特大型工程项目社会稳定风险扩散模型；最后提出基于多元主体冲突放大与社会稳定风险扩散两阶段的社会稳定风险治理机制。

本书的技术路线如图 1-1 所示。

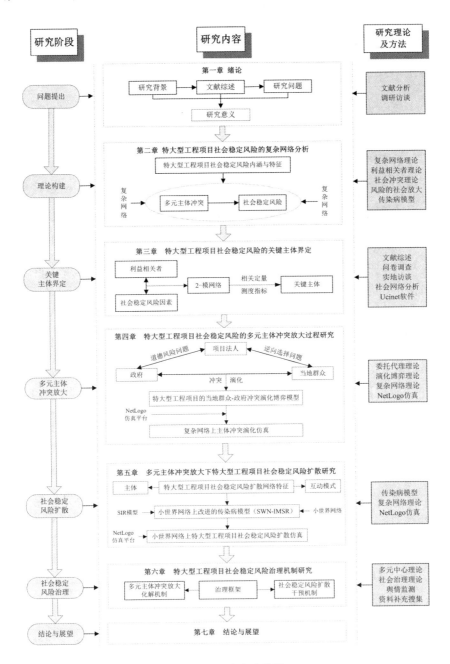

图1-1　技术路线图

二、研究内容

本书的主要研究内容包括了七个部分。

第一部分是绪论。从特大型工程项目社会稳定风险问题的背景出发，对本书的研究目的和研究意义进行阐述，并对前人研究成果进行回顾梳理，提出本书的研究思路、研究内容、研究方法和研究的创新点。

第二部分是本书研究的理论基础与理论框架。首先对特大型工程项目的内涵与特点进行了分析，界定了特大型工程项目社会稳定风险的概念与特点；其次，基于工程项目的利益相关者理论、社会冲突理论等，分析特大型工程项目多元主体冲突放大与社会稳定风险的关系；最后，基于复杂网络相关理论，探讨复杂网络对特大型工程项目多元主体冲突放大及其引发的社会稳定风险扩散过程的影响，从多元主体冲突放大与社会稳定风险扩散两个方面提出本书的研究框架。

第三部分是特大型工程项目社会稳定风险的关键主体界定。首先，基于文献梳理、实地访谈与问卷调查等方法识别特大型工程项目的主要利益相关者与社会稳定风险因素；其次，利用社会网络分析方法构建特大型工程项目"利益相关者－社会稳定风险"2－模网络；最后，利用搜集的相关数据对所构建特大型工程项目"利益相关者－社会稳定风险"2－模网络进行定量测度，界定出特大型工程项目社会稳定风险的关键主体。

第四部分是特大型工程项目的多元主体冲突放大过程研究。首先，对确定的三个特大型工程项目社会稳定风险关键主体间关系进行分析；其次，构建当地群众与政府的冲突演化博弈模型，分析不同情境下的博弈均衡结果；最后，考虑复杂网络对特大型工程项目多元主体冲突的影响，利用 NetLogo 仿真平台研究小世界网络上特大型工程项目多元主体冲突放大演化。

第五部分是多元主体冲突放大下特大型工程项目社会稳定风险扩散研究。首先，分析特大型工程项目多元主体冲突放大对社会稳定风险的影响，探讨多元主体冲突放大下特大型工程项目社会稳定风险扩散网络，并从主体、互动模式等方面探讨其特征；其次，对传统的 SIR 模型进行改进，结合小世界网络，构建小世界网络上特大型工程项目社会稳定风险扩散模型，分析社会稳定风险扩散过程；最后，基于 NetLogo 仿真平台仿真分析相关参数对社会稳定风险扩散的影响。

第六部分是特大型工程项目社会稳定风险治理机制研究。从界定特大型工程项目社会稳定风险治理内涵出发，分析特大型工程项目社会稳定风险治理的目标和功能，从多元主体冲突放大与社会稳定风险扩散两阶段构建特大型工程项目社会稳定风险治理机制。

第七部分是结论与展望。对全书进行总结，并指出不足及下一步研究方向。

第四节　研究方法与创新

一、研究方法

1. 实地调查法

在已有研究基础上，选取南水北调工程东线、广东高陂水利枢纽工程等进行实地调研和相关数据搜集，对我国特大型工程项目利益冲突及风险管理现状进行分析，为特大型工程项目的多元主体冲突放大与社会稳定风险扩散研究奠定基础，为构建特大型工程项目社会稳定风险治理机制提供依据。

2. 理论分析法

阅读大量的文献资料，包括政府制定的工程项目管理和社会稳定风险管理等相关政策法规，复杂网络、博弈论等相关书籍、著作，以及特大型工程项目相关主体的调查研究，在此基础上，进行综合归纳、比较分析。

3. 模型分析法

本书通过构建"利益相关者－社会稳定风险因素"2－模网络、主体冲突演化博弈模型、社会稳定风险扩散模型等，对特大型工程项目社会稳定风险的关键主体、主体冲突放大及社会稳定风险扩散过程等问题进行研究。

4. 仿真研究法

利用 NetLogo 仿真平台对所构建的特大型工程项目主体冲突放大演化博弈模型、多元主体冲突放大下的特大型工程项目社会稳定风险扩散模型进行研究，探讨复杂网络下主体冲突如何放大及社会稳定风险如何扩散。

二、研究创新

与一般项目风险管理研究不同，本书研究聚焦：特大型工程项目的多元主体冲突如何放大及其引发的社会稳定风险如何扩散以及如何治理。本书在复杂网络环境下，研究特大型工程项目社会稳定风险的关键主体、多元主体冲突放大及其引发社会稳定风险扩散、社会稳定风险治理问题，具有如下研究创新。

1. 构建特大型工程项目社会稳定风险关键主体间冲突放大演化博弈模型，研究主体冲突放大过程

基于社会网络分析方法构建特大型工程项目"利益相关者－社会稳定风险因素"2－模网络，界定出特大型工程项目社会稳定风险的关

键主体，在此基础上借助演化博弈方法，构建了特大型工程项目主体冲突放大演化博弈模型并在复杂网络环境下进行仿真，对特大型工程项目的多元主体冲突放大过程进行研究。

2. 构建小世界网络环境下特大型工程项目社会稳定风险扩散模型，研究多元主体冲突放大下特大型工程项目社会稳定风险扩散过程

在分析多元主体冲突放大下特大型工程项目社会稳定风险扩散网络特征基础上，借助 SIR 传染病模型，在小世界网络环境下构建了特大型工程项目社会稳定风险扩散模型并进行仿真分析，对多元主体冲突放大下特大型工程项目社会稳定风险扩散过程进行研究。

第二章

特大型工程项目社会稳定风险的复杂网络分析

第一节　特大型工程项目社会稳定风险的内涵与特征

一、特大型工程项目的内涵与特点

1. 特大型工程项目的内涵

特大型工程项目作为一种特殊的项目，具有不同于一般项目的特点，为了深入了解特大型工程项目的内涵，有必要对项目的定义进行总结。美国项目管理协会（PMI）将项目定义为"为创造独特的产品、服务或者结果而进行的临时尝试"，并将风险定义为"一个不确定时间或者状况，其发生至少影响到一个项目目标，例如范围、时间表、成本和质量"。国际标准化组织（ISO）把项目定义为"有具体的开始时间和结束日期的独特过程，包括一系列协调和控制，旨在实现符合特定要求的目标，例如时间、成本和资源等"[①]。德国工业标准（DIN）等其他

---

① ISO 10006 - 2003：Quality management systems—Guidelines for quality management in projects.

27

组织也对项目进行了定义，虽然定义的内容不尽相同，但是都有着几个共同点：

（1）项目是独特的也是一次性的，具有明确的开始时间和结束时间，尽管有的项目在此之前存在着类似的项目，但绝对不会是一模一样的，因此项目不会在完全一样的条件下再次发生；

（2）项目是要受到时间、金钱、资源等限制的，一个项目不可能无休止地进行投入运作，在项目建设或者运行过程中一定会受各种限制；

（3）项目的实施具有非常明确的目标，因为项目在人、财、物等方面的限制，从一开始就必须有明确的目标，在这些约束之下为了完成既定目标进行周密安排。

项目是一个非常宽泛的概念，小到一个篮球场的建设，大到一条全国性高速铁路的建设，这都属于项目的范畴。项目在时间上可以跨越几十年，例如三峡水利枢纽的建设，也可以短到几天之内完成，例如一块足球场草坪的翻新；在空间上可以延绵数千公里，例如京沪高铁，也可以在一个小小的办公室内完成，例如一个企业管理平台的开发；在投资上可以达到数千亿元，例如南水北调工程，也可以少到几万元，例如一条乡间小道的建设。随着我国经济的快速发展，工程项目规模日益扩大，投资达几十亿甚至几百亿的项目层出不穷，社会各界对于投资额度达到何种标准可以算作特大型工程项目并未形成共识，国家对大型工程项目的认定也是按照不同项目类型进行分开划分的，例如国家发展和改革委员会公布的《关于基本建设项目和大中型划分标准的规定》，就对工业建设项目（包含钢铁工业、有色金融工业、煤炭工业等10种）、非工业建设项目（包括农林水利水产、交通邮电等5种）的大型工程标准进行了分开划定，并不仅仅从投资额度来进行确定。因此本书认为不能简单地从投资额度的大小来界定特大型工程项目，而应该从投资规模、建设周期、社会影响力等多方面进行考虑。

本书所研究的特大型工程项目是指建设规模巨大、投资规模庞大、涉及因素众多，对区域乃至整个国家有着重大而且深远影响的工程项目。这里工程项目具有广泛含义，既可以是水利工程、高速铁路，也可以是特大型石油、化工项目等，如三峡水利枢纽工程、南水北调工程、京沪高铁、粤港澳大桥、西气东输、战略石油储备工程等。

2. 特大型工程项目的特点

特大型工程项目作为项目的一种，具有项目的一般特点，即其是独特的、一次性的、目标明确且受时间、预算、资源等约束的，同时又具有一些与一般工程项目不同的特点。无论从时间、空间还是投资额度来说，"特大型"都只是一个相对的概念，并非有一个绝对的标准。具体来讲，特大型工程项目与一般工程项目相比具有的突出特点表现在五个方面。

（1）投资规模大

特大型工程项目的投资额度巨大是区别于一般工程项目的最大特点。欧洲、美国分别以 5 亿欧元和 10 亿美元作为重大工程投资额度的标准，我国重大工程往往以 50 亿元人民币作为界限，但特大型工程项目的投资额度远远高于这些标准，一般由国家政府相关部门统一规划、宏观掌控，投资额度以百亿到千亿计，如粤港澳大桥投资额度约为 1000 亿元人民币，京沪高铁投资总额为 2209 亿元人民币，而南水北调工程投资总额更是高达 5000 亿元人民币。

（2）建设周期长

每一个特大型工程项目从最初设想的提出，一般都需要经过前期调研、勘察、论证、融资、正式开工、项目完工甚至后期的效益评估等工作，周期一般都在数年甚至数十年。如粤港澳大桥，不含前期项目论证阶段，仅从 2009 年正式开工建设到 2018 年正式通车，建设周期接近 10

年，三峡水利枢纽工程仅主体工程建设就历时 18 年，南水北调工程东、中、西三干线总长度 4350 公里，沿线六省市一级配套支渠约 2700 公里，调水规模 448 亿立方米，建设时间需 40—50 年。

（3）工程建设复杂

特大型工程项目的复杂性不仅仅指工程技术方面的复杂，而且包括了管理的复杂性。特大型工程项目一般牵涉到许多方面的技术问题，是一个结构复杂、技术难度高的复杂巨系统，如三峡水利枢纽工程兼具防洪、发电、航运等功能，其大坝、船闸、升船机、发电厂房、运行控制系统等都面临着许多复杂的技术问题，也是三峡水利枢纽工程发挥效益的关键保障。同时，作为一个包含了很多子系统的复杂巨系统，各个子系统可能又包括子系统，而且相互之间互相影响，各个部门之间合作协调难度大、整体连续性要求高，也使得特大型工程项目相关利益主体众多，存在比一般工程项目更加复杂的利益相关者关系网络。

（4）项目涉及因素多

特大型工程项目建设周期长以及复杂性的特点，使得特大型工程项目在实施过程中面临着极高的不确定性，往往具有众多潜在风险，这些潜在风险等不确定性因素存在于整个特大型工程项目建设周期内，并与复杂多变的外部环境相互影响、相互作用，增加了特大型工程项目的风险。

（5）社会影响面广

特大型工程项目一般是由政府直接投资或政府委托与社会资本方合作，工程本身往往带有一定的社会性，容易引起社会公众的高度关注。此外，特大型工程项目会对地区或国家的社会、经济、政治、文化、环境产生影响，在国民经济和社会发展中占有重要的地位，具有综合战略目标，同时会伴随着征地、拆迁、移民等很容易引发社会冲突的事件，影响范围广泛。

二、特大型工程项目社会稳定风险概念界定

社会稳定从字面意思可以理解为政治、经济、文化、生态等各方面处于一个稳定、安定、和谐的状态，是政治、经济、文化等多种人类活动因素综合作用的结果，是一个历史的、综合的、动态的概念。社会稳定具有历史性和综合性，在不同的发展阶段具有不同的内涵和外延，而且涉及社会的多个方面，不仅仅包括政治稳定、经济稳定，还应该包括社会秩序正常以及人心安定。这些政治、经济、文化、社会等各方面因素相互影响并有序运行，再加上人际关系构成的主体互动关系网络，共同形成了一个复杂的社会网络结构，在这种复杂网络中各因素有序运行的状态就是社会稳定的基础。而特大型工程项目的建设对政治、经济、文化、社会等各方面都造成了影响，扰乱了网络中原有的平衡关系，改变了原有的主体间关系状态，使得主体间利益需要再平衡，从而不可避免地产生主体冲突，造成社会发生失稳的可能性。

风险在不同的领域具有不同的内涵，长久以来从不同的研究出发点与研究视角形成了概率说、不确定性说、结果差异说、利害关系说、可能性说等多种类型的定义，但其核心含义都是"未来结果的不确定性或损失"。风险一般与危险、危机和不确定等概念密切相关而又相互区别，具有客观性、普遍性、必然性、可识别性、可控性、损失性、不确定性和社会性等特点。社会风险从广义上来说是因为政治、经济、文化、生态等多方面的风险因素综合作用导致社会的不安定与不和谐，进而引发社会冲突，产生危及社会稳定和社会秩序的可能性。当导致社会不安定与不和谐进而产生危及社会稳定和社会秩序的可能性在主体互动关系网络中积累到一定程度而成了现实性，社会风险就会演变成社会危机，对社会稳定和社会秩序造成灾难性的影响。

因此，本书从多主体冲突与复杂网络的视角对特大型工程项目的社会稳定风险进行定义，指在特大型工程项目的组织和实施过程中，对相关主体的关系产生了影响，打破了主体互动关系网络中原有的平衡状态，造成了主体冲突，而主体冲突在多元主体形成的主体互动关系复杂网络中被放大，引发了群体性事件等各种社会风险事件，社会风险进一步在多元主体互动关系复杂网络中扩散，积累到一定程度使得社会系统发生社会无序化和社会环境不和谐的风险。可以认为，特大型工程项目的社会稳定风险包括了两个过程，一是特大型工程项目的多元主体冲突在主体互动关系复杂网络中被放大，引发群体性事件等社会冲突，二是爆发社会冲突之后风险在多元主体互动复杂网络中的传播扩散。在这两个阶段中，主体互动关系复杂网络是有区别的，在第一个阶段的多元主体互动关系复杂网络中主体是从其在特大型工程项目建设中的职能属性来划分的，例如政府、社会公众、当地群众、媒体等，而第二个阶段的多元主体互动关系复杂网络中主体是从其参与风险扩散的意愿与能力来划分的，例如主动扩散风险、抵制风险、对风险观望等。

三、特大型工程项目社会稳定风险特征

在定义了特大型工程项目的社会稳定风险之后，有必要对其特征进行梳理。特大型工程项目的社会稳定风险除了具有风险的一般特点之外，还具有四个特征。

1. 客观性和主观性

社会稳定风险因素一直以来在社会中都是客观存在的，虽然有时候特大型工程项目的建设并未引发大规模的社会冲突，但这并不表明社会稳定风险不存在，而只能说明在这一阶段，社会稳定风险在主体互动关系复杂网络中并未达到足以打破原有平衡的状态，从这一点看特大型工

程项目的社会稳定风险是具有客观性的。另一方面，特大型工程项目的社会稳定风险主要来自于主体互动关系复杂网络中的相关主体，每一个主体在一定程度上都是独立思考的，使得特大型工程项目的社会稳定风险具有一定的主观性。

2. 随机性和高危性

特大型工程项目的社会稳定风险具有不确定性——这一风险最重要的一般特征，表现出来就是特大型工程项目社会稳定风险的爆发是具有偶然性的，是主体互动关系复杂网络中许多不同因素相互之间作用的结果，人们不能准确地判断将会发生什么、什么时候发生，是一种随机现象。此外，特大型工程项目的社会稳定风险一旦爆发，除了会造成巨大的经济损失，必定也会对主体互动关系复杂网络中的政治、文化等多个方面产生影响，更有可能引发社会动荡，对整个社会体系造成不可逆转的巨大破坏，有着极强的危害性。

3. 潜在性和阶段性

特大型工程项目社会稳定风险的客观性表明社会稳定风险是一定存在的，随机性表明其要成为现实还需要一定的外在推动，依赖于其他相关因素的作用，这一特点即为特大型工程项目社会稳定风险的潜在性。任何事物都是发展变化的，特大型工程项目的社会稳定风险也不例外，经过在主体互动关系复杂网络中的潜伏期，在相关因素的推动作用下，特大型工程项目的社会稳定风险一般会经历爆发、造成后果、衰减等阶段，这就是特大型工程项目社会稳定风险的阶段性。

4. 突发性和扩散性

特大型工程项目社会稳定风险的爆发具有一定的突发性，有时一个小小的矛盾都会引发大规模社会冲突的突然发生，例如发生在三峡水利枢纽工程地的万州"10·18"事件本是一起普通的口角纠纷事件，却引发了大规模的群体性事件。同时，互联网的发展使得信息的传播渠道更加多元，信息传输效率极大提高，也在一定程度上影响了信息的真实性，进一步复杂了主体互动关系复杂网络，使得特大型工程项目的社会稳定风险一旦发生就有可能会因为信息不对称而造成社会公众的恐慌，从而导致社会稳定风险在主体互动关系复杂网络中迅速扩散。

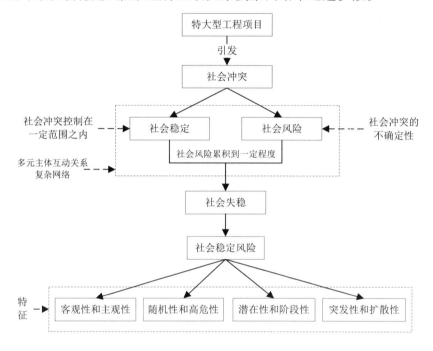

图 2 - 1　特大型工程项目的社会稳定风险及其特征

第二节　特大型工程项目的多元主体冲突与社会稳定风险

一、特大型工程项目的多元主体

由于特大型工程项目的复杂性，其涉及的主体众多。同时，中国的特大型工程项目一般由政府主导，在规划、建设过程中有时会忽略其他某些主体的利益，导致利益冲突，引发社会稳定风险，进而影响特大型工程项目目标的实现。斯坦福研究院、Freeman 等众多机构与学者研究认为利益相关者除了那些直接影响组织目标的个体和群体，还包括了与组织有关系的政府部门、社会组织、社会公众等，因为这些群体同样会对组织实现目标的过程产生影响。因此，这些影响特大型工程项目进程与目标实现的相关主体也可称为特大型工程项目的利益相关者。

利益相关者理论为研究特大型工程项目的多元主体提供了理论基础。在利益相关者理论中，利益相关者的管理是核心，指对利益相关者进行识别与分类，并进一步分析其特征、利益诉求与关系以及对管理目标的影响，从而针对不同类型利益相关者指定不同的管理措施，其中最为重要的是利益相关者的识别与分类。特大型工程项目利益相关者的识别与分类是为了明确在特大型工程项目管理过程中包含哪些利益相关者以及他们的所属类别。在一般情况下，特大型工程项目管理方通常采用实地调研、问卷调查、专家访谈、文献梳理等方法来识别与相关进程有关的利益相关者及其利益诉求。经过长期的发展，Mitchell 评分法、Wheeler 提出的社会性分类方法等成为利益相关者分类的主要方法，分别如图 2 - 2、图 2 - 3 所示。Mitchell 提出依据合法性（任何利益相关者都不能越过发了的边线）、权力性（影响作用能够影响组织的日常运作行为）、紧迫性（根据影响作用的轻重缓急界定该类群体的利益相关性程度）三个基本特征来对利益相关者进行细分，得到潜在型利益相关者、自主型利益相关者、需求型利益相关者、支配型利益相关者、危险型利益相关者、依存型利益相关者、决定型利益相关者七大类。Wheeler 提出的社会性分类方法将利益相关者分为社会性的（他们与企业的关系是直接通过人的参与而形成）与非社会性的（通过自然环境、非人类物种等并不"实际存在的具体人"和企业发生联系），具体分为首要的社会性利益相关者（他们与组织的日常运行有直接的关系）、次

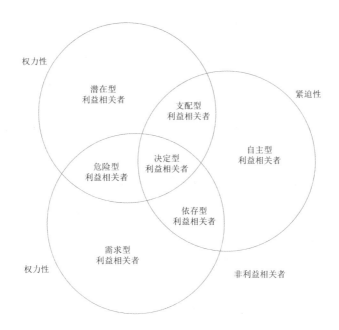

图 2 - 2　**Mitchell** 评分法的利益相关者分类

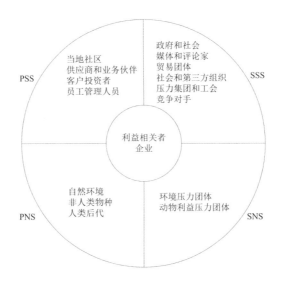

图 2 - 3　**Wheeler** 社会性分类法的利益相关者分类

要的社会性利益相关者（他们通过其他活动与组织产生间接的利益关系）、首要的非社会性利益相关者（他们对组织的活动产生影响但不是通过人之间的关系产生的）、次要的非社会性利益相关者（他们会产生间接影响但也不通过人之间的关系产生利益关系）四大类。

具体到对工程项目的利益相关者识别，国内外学者主要是基于Freeman、Mitchell 和 Wheeler 等人提出的利益相关者理论。Cleland 和 Ireland 按照利益相关者与项目关系的亲疏程度将项目利益相关者分为外部利益相关者与内部利益相关者两大类，内部利益相关者表示与工程项目有着直接利益关系的相关利益主体，而外部利益相关者表示本身在工程项目组织之外，但与工程项目建设有着间接关系的相关利益主体，如图 2 - 4 所示。

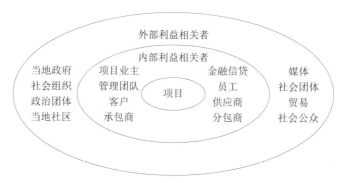

图 2 - 4　Cleland 项目利益相关者分类

Boumaour 等（2018）以阿尔及利亚古拉亚国家公园大型整合项目为研究对象，认为项目过程中的利益相关者包括了森林保护机构、国家公园董事会、公共人民大会、环保协会、渔业和水产养殖商会、环境理事会等19 个利益相关者，并从影响力与独立性两个维度构造了项目利益相关者定位图，将利益相关者分为了决定型利益相关者、被决定型利益相关者、传播型利益相关者以及自发型利益相关者四大类，如图2 - 5

所示。

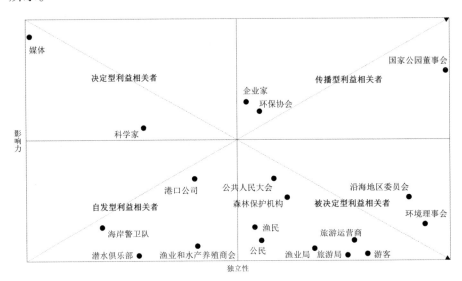

图 2-5 阿尔及利亚国家公园大型整合项目利益相关者定位图

Mok 等（2017）采用文献综述的方法，总结出重大公共工程项目的利益相关者，认为应当包括了项目资助者、承包商、工程设计人员、项目顾问、供应商、分销商、监管机构、财务人员、媒体、环境保护主义者、政治家、当地社区、公众、最终用户以及专业机构等，并以香港某一大型填海工程为典型案例采用问卷调查结合滚雪球抽样方法确定并描述了具体的 18 类利益相关者，如表 2-1 所示。

表 2-1 香港某大型填海工程项目利益相关者

利益相关者	利益相关者的描述
S1：项目资助者	为填海工程项目提供资金的公共机构
S2：驻地工程师	进行环境影响评估的工程咨询公司（由 S1 任命），并监督 S3 的工作
S3：承包商	进行大型填海工程的承包公司（由 S1 雇用）

续表

利益相关者	利益相关者的描述
S4：分销商和供应商	进行材料供应等辅助工作的公司，包括物料回填、建筑材料供应等
S5：独立环境检查员	审查由 S6 完成的环境监测和审计工作的独立单位，向 S11 汇报工作
S6：环保团队	对 S3 的工作进行环境监测和审计的独立单位，向 S5 汇报工作
S7：海事工程咨询顾问	协助 S3 指定海上交通时刻表并解决海上安全和监管问题的咨询公司
S8：环境专家	对附近水域的生态进行影响监测的独立专家（由 S6 聘请）
S9：海事局	负责港口管理的政府部门，管理工程附近船舶登记、导航问题
S10：民航局	负责空中交通流量控制的政府部门，管理工程附近航空安全
S11：环境保护局	政府环境保护和环境立法执法局
S12：区议会	地方当局就地区行政和事务向政府提供建议
S13：绿色团体	热衷于环保的社会团体
S14：运输者	在工程附近提供公共交通服务的运输经营者
S15：附近工程承包商	与工程相近的相关项目的承包商
S16：当地居民	居住在工程现场附近的居民
S17：渔民团体	在工程附近渔场或鱼类养殖区工作的渔民
S18：普通大众	社会中的普通民众

Tuman（2006）将项目利益相关者分为四类群体：第一，项目推动方，例如项目的发起者、开发者、金融机构和项目的使用者；第二，项目参与方，主要指负责项目规划、执行与管理的相关方面；第三，社区参与方，其利益直接受到项目实施的影响，例如当地社区和项目所在地附近的自然环境；第四，寄生参与方，指尽管在项目中没有直接利益但仍会带来一些争论的相关方，例如媒体和社会组织等。Lienert 等

（2013）针对瑞士水利基础设施建设项目，从不同部门（供水部门、废水处理部门）与决策层面（地方、州、国家）对利益相关者进行分组，给出了相关利益相关者。Yang 等（2016）认为大型复杂绿色建筑项目的利益相关者包括了客户、承包商、分包商和供应商、最终用户、政府、社区、竞争对手、评审方。Yu 等（2017）以城市大型拆迁重建项目为研究对象，对北京、上海、深圳三个城市经历过城市重建计划的相关地区的相关利益群体进行调查，得出城市大型拆迁重建项目的利益相关者包括了重新安置的居民、政府、项目开发商、拆迁人员、附近居民以及一般公众等。

在国内方面，王雪青等（2015）从承包商视角对项目利益相关者进行研究，通过文献梳理总结出了承包商、当地群众、分包商、供应商、社会团队、环保部门、监理单位、运营方、设计单位、消费者、媒体、项目周边组织、业主单位、银行、员工、移民、政府、咨询单位等18 类利益相关者。吕萍等（2013）从项目全生命周期视角出发，借鉴多维细分法，在项目决策阶段、规划设计阶段、实施阶段以及竣工验收阶段分别将政府投资项目利益相关者分为核心利益相关者、一般利益相关者和边缘利益相关者，如图 2 - 6 所示。

此外，还有众多学者对大型工程项目的利益相关者进行了研究。王进（2008）对 50 位大型工程项目参与人员进行调查，运用专家评分法确定了大型工程项目的利益相关者为建设单位、勘察设计单位、承包商、材料设备供应商、投资人、监理单位、政府部门、运营方、高层管理人员、员工、工程项目所在社区、环保部门、分包商、银行、社会公众、第三方监督、保险公司、弱势群体、工会等 19 类。甘晓龙（2014）遵循"文献分析——专家判断——小组讨论"的研究步骤，认为基础设施建设项目的利益相关者包括了中央政府、当地政府、相关职能部门、开发方、行业组织、规划设计方、施工方、子承包方、监理方、咨

图 2-6　政府投资项目全生命周期各阶段利益相关者

询方、材料设备供应方、项目周边社区、金融机构、NGO 组织、社会公众、媒体、科研机构、拆迁方、运营方、项目团队、保险公司、用户、员工、高层管理人员等 24 类。

综上所述，本书对于不同国家地区、不同类别级别的工程项目利益相关者进行了简单的识别梳理，从不同角度得到了多种类型利益相关者，有的利益相关者在大多数工程项目中出现，有的只是在特定的工程项目中出现。后文在对特大型工程项目利益相关者识别时，也是基于以上的利益相关者理论与利益相关者识别方法，对相关文献进行梳理并进行访谈调研，从不同角度对特大型工程项目的利益相关者进行总结，从而确定出特大型工程项目的多元主体。

二、特大型工程项目的多元主体冲突

特大型工程项目建设涉及的征地拆迁、移民安置、生态污染等问题而引起的各利益相关者之间的冲突极易导致群体性事件的发生，而群体性事件作为我国社会冲突的主要表现形式之一，群体性事件的爆发就意味着社会冲突的产生，从而一定程度上影响社会稳定，形成社会稳定风险。本书所认为特大型工程项目的多元主体冲突是指特大型工程项目的利益相关者为了表达某些利益诉求而产生的冲突，在主体互动关系复杂网络中进一步激化。这种多元主体冲突并不是战争等狭义上的冲突形式，而是广义上的冲突表现形式，例如特大型工程项目所在地社会公众采取示威游行、围堵政府机关、扰乱公共秩序等行为。

广义的社会冲突理论可以为特大型工程项目多元主体冲突研究提供理论基础。社会冲突理论认为社会冲突是社会主体间由于需要、利益、价值观念的差别和对立而引起的相互反对的社会互动行为，是社会运行中的普遍现象，在人类社会发展的各个阶段都是人们不得不面对的问题。社会冲突理论在20世纪50年代后逐渐形成了韦伯的多元社会分层思想、齐美尔的冲突社会化形式思想、达伦多夫的辩证冲突思想等几种代表性思想，成为社会学、政治学等学科的核心研究主题，并成为分析社会变迁的重要理论基础。当前，随着全球化与现代化的快速发展，中国正处于风险社会和转型社会叠加时期，利益格局不断调整，思想观念发生深刻变化，众多特大型工程项目的建设引发了许多的利益不协调，导致了许多社会矛盾的出现，社会冲突问题频发，成为影响中国社会和谐稳定的重大现实问题。

传统的社会冲突理论分别从冲突主体维度、社会结构维度、对抗性维度、内外因维度、现实性维度等方面将社会冲突的类型进行了划分，从冲突主体来看可以把社会冲突划分成个体冲突、群体冲突、个体与群体之间的冲突三大类型，从社会结构来划分，社会冲突可以分为经济冲突、政治冲突、文化冲突等，从对抗性的维度可以分为对抗性冲突、非对抗性冲突，从内外因关系维度可以分为内源性冲突与外源性冲突，从现实性维度可以分为现实性冲突与非现实性冲突，如图2-7所示。从冲突主体维度来划分，特大型工程项目的多元主体冲突也可以划分为个体冲突、群体冲突、个体与群体之间的冲突。首先,个体作为社会的最基本构成,特大型工程项目多元主体冲突的个体冲突包括了个体与自身的冲突、个体与其他个体之间的冲突,冲突形式包括了口角、争论、争斗等不同形式。其次,由于社会中国的个体都是被包括在群体之中的,群体冲突指的是不同社会群体之间的矛盾对抗,特大型工程项目多元主体冲突的群体冲突包括了不同社会阶层的冲突,例如工人与资本所有者的冲突,也包括了不同项目组织之间的冲突,例如承包商与供应商之间的冲突等。而特大型工程项目多元主体冲突的个体与群体之间的冲突实质上是不同群体内部个体与所属群体之间的利益冲突,在特大型工程项目多元主体冲突过程中表现为个人发展与群体发展不一致而造成的冲突。

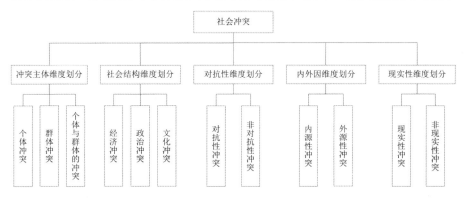

图 2-7　社会冲突的类型

特大型工程项目引发的社会冲突发生于不同利益相关者之间,具有群体性、规模性等特征,原因在于一些利益相关者认为在特大型工程项目建设中自身利益受损或者受到不公平对待后,不满情绪的积压就会造成社会冲突的增多,进一步在主体互动关系复杂网络中扩散而被放大。稳定和谐的社会秩序是社会发展的基础,社会冲突的增多如果得不到及时有效的治理,容易打破原有主体互动关系网络中的平衡状态,影响主体间关系,爆发大规模的群体性事件,给社会稳定带来极大威胁,因此特大型工程项目的社会冲突治理近年来受到了国内外众多学者的关注。"治理"一词来源于管理学,在行政管理中其含义为"在一个既定的范围内运用权威维持秩序,满足公众的需要"。治理的目的是通过各种权力去控制和规范各类活动,最大可能地增加公共利益。从本书对特大型工程项目多元主体冲突的理解来看,特大型工程项目多元主体的社会冲突治理应该是为了预防和化解社会矛盾而采取的某些手段和行动。西方学者从微观视角对社会冲突治理进行了研究,认为社会冲突治理就是国家相关部门为控制社会冲突而做出的具体行动,包括了事前预防与事后应对;从宏观视角研究了国家应对社会冲突的国家机制构建,其中最具代表性的是马歇尔的"公民格理论"。不管从微观视角还是宏观视角来看,社会冲突治理的最终目标就是对化解社会冲突所做的制度化安排,形成行之有效的社会冲突治理模式。

三、多元主体冲突放大下的特大型工程项目社会稳定风险

风险的社会放大理论是由克拉克大学决策研究院的研究者们提出的,为了解决"为什么相对较小的风险或风险事件却引发公众的广泛关注,并对社会和经济产生重要影响"这一问题,风险的社会放大框架(SARF)将风险的技术评估、风险感知和风险相关行为的心理学、社会学研究以及文化视角系统地联系起来,认为 SARF 包含风险放大和弱化、涟漪效应两个主要阶段。其中风险放大和弱化包括了信息传播机制与社会反应机制,如图 2-8 所示。

在多元主体冲突放大下特大型工程项目过程中,也存在着与风险的社会放大框架相似的信息传播机制与社会反应机制。首先,特大型工程项目的建设由于其特性会对社会各方面产生影响,这与 SARF 框架中的风险点和风险事件相对应。其次,在传播机制中,特大型工程项目对社会造成的影响会打破原有的平衡状态,主体之间产生冲突,形成多元主

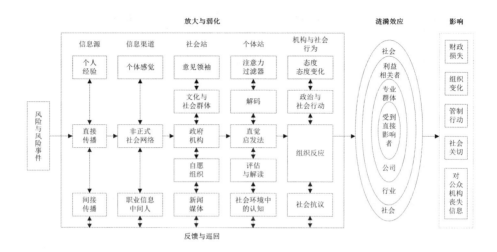

图 2 - 8　风险的社会放大框架

体冲突事件，并在互联网、人际关系网络等信息渠道中传播扩散，在这个过程中就会形成特大型工程项目的主体互动关系复杂网络，其中某些个体或者组织会成为放大站，通过自己的风险认知对主体冲突事件进行加工、整理、过滤，冲突事件在这个传播过程中会经过几轮的放大。这个传播过程是特大型工程项目的多元主体互相博弈的状态，以往政府一般完全掌握主体冲突信息，通过控制传统媒体垄断信息，造成信息不对称；而在新媒体高度发达的时代，社会公众可以从互联网上获取大量信息，并同时成为一个自媒体进行信息的再度传播，从而形成了政府、社会公众以及其他主体的博弈。

特大型工程项目的社会稳定风险不同于自然灾害等突发性风险，其不仅仅是纯粹的"客观性"存在，更是平等、公平、民主等主观价值通过塑造民众风险态度与行为所形成的社会建构。特大型工程项目的建设引发的多元主体冲突经过政府相关部门、社会公众、媒体、专家、社会组织等利益相关者的影响，及在网络、报纸、电视等多方面信息渠道的传输，在空间与时间上迅速扩散，加剧社会矛盾和社会冲突，造成社会的不稳定。随着媒体化社会的到来，风险被打上了越来越明显的媒介印记，与利益群体心理、社会、制度和文化状态相互作用，进而加强或减弱风险的感知并塑造风险行为。媒体在主体冲突过程中发挥着社会风险的再现机制、风险的定义机制、风险监督机制、风险的咨询/知识传递、社会冲突的沟通机制以及风险在社会站/个体站转化机制的功能。特大型工程项目涉及因素复杂，多元主体的媒介行为和冲突行为耦合，其产生的涟漪效应放大了多元主体冲突行为的复杂性和不确定性，尤其是非直接利益主体参与冲突，进一步增大了社会失稳的可能性。因此，本书认为多元主体冲突放大下的特大型工程项目社会稳定风险是特大型工程项目多元主体之间的冲突事件在冲突传播机制中被多重放大，进一步在社会反应机制中产生涟漪效应，引发社会稳定风险的扩散。图2-9显示了多元主体冲突放大下特大型工程项目社会稳定风险的SARF框架。

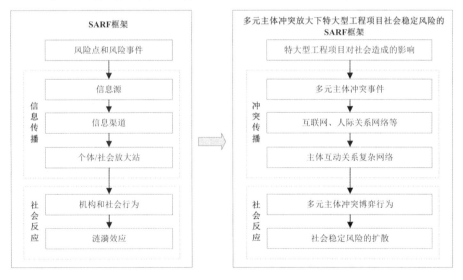

图2-9 多元主体冲突放大下特大型工程项目社会稳定风险的 SARF 框架

第三节　多元主体的复杂网络对特大型工程项目
社会稳定风险的影响

一、复杂网络结构类型与统计特性

对于特大型工程项目而言，其所涉及的技术、人员、成本、进度等内外因素之间有着很大的关联，具有高度的不稳定性与不确定性，各因素的动态变化与相互作用形成了特大型工程项目的复杂性与高风险性，这就决定了需要从动态、系统的视角进行项目的风险管理。复杂网络理论经过长期的发展，已经被广泛地应用于项目管理之中，可以刻画利益相关者及他们之间关系的紧密程度，识别影响项目风险动态演化的关键因素，揭示项目风险的演化机制。复杂网络的研究最早可以追溯到欧拉对哥尼斯堡七桥问题的研究，由此发展起来的图论成为当今研究复杂网络的基本工具。在 20 世纪 50 年代以前，对于网络的研究一直是基于规则网络理论的，形成了全局耦合网络、最邻近耦合网络、星形耦合网络等典型规则网络，如图 2 – 10 所示。此后，1960 年 Erds 和 Renyi 建立的随机图理论奠定了复杂网络理论的基础。

目前学者们还未对复杂网络的精确定义达成共识，之所以被称为复杂网络，主要是因为它是大量真实复杂系统的拓扑抽象，比规则网络和随机网络更加复杂，至今未有一种简单方法能够生成完全符合真实统计特征的网络。简而言之，复杂网络是呈现高度复杂性的网络，其复杂性主要表现在结构复杂、节点特征多样、连接复杂、网络进化性、非线性动力学演化、鲁棒性、脆弱性与涌现性等方面。

全局耦合网络　　　　　最邻近耦合网络　　　　　星形耦合网络

图 2 – 10　三种典型的规则网络

1. 复杂网络结构类型

一般来说，复杂网络包括了规则网络、随机网络、无标度网络与小世界网络四种类型。其中，随机网络、无标度网络及小世界网络的研究都是基于规则网络研究发展而来的。作为最简单的一种复杂网络类型，规则网络具有规则的网络拓扑结构，节点连接也是非常规律的。由于社会系统的复杂性，更多接近于随机网络、无标度网络以及小世界网络三种类型复杂网络。因此，本书将详细介绍 ER 随机网络、BA 无标度网络、WS 小世界网络以及 NW 小世界网络。

（1）ER 随机网络

最经典的随机网络是由 Erds 和 Renyi 在其提出的随机图理论基础上建立的 ER 随机网络。网络中存在 N 个节点，理论上最多可存在 $N(N-1)/2$ 条边，在所有边中随机选择 M 条边就可以得到一个 ER 随机网络，总共可能产生 $C_{N(N-1)/2}^{M}$ 种可能的随机图，而且每种随机图可能出现的概率是相同的。ER 随机网络的度分布属于典型的泊松分布，由于 ER 随机网络中节点间的连接概率是相同的，因此绝大多数节点的度都处于平均度附近，不存在度特别大或者特点小的节点。平均度会随着网络规模 N 的增加而增大，平均距离随着 N 的增加呈对数增长，集聚系数随着 N

的增加而减少。与规则网络具有较大集聚系数及较长平均距离不同，ER 随机网络的集聚系数低而且平均距离短。图 2 – 11（a）与（b）显示了两个节点为 20、连接概率分别为 0.1 与 0.4 的 ER 随机网络。

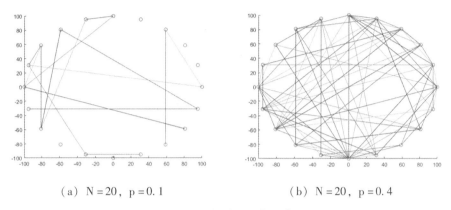

（a）N = 20，p = 0.1　　　　　（b）N = 20，p = 0.4

图 2 – 11　ER 随机网络示意图

（2）WS 小世界网络及 NW 小世界网络

最早的小世界网络是 Watts 和 Strogatz 提出的 WS 小世界网络模型，其构造算法是从一个围成环的最近邻耦合网络开始，这个网络包含 N 个节点，每个节点与其左右两边各相邻的 K/2 个节点相连，以概率 p 随机重连网络中的边，即保持边的某一端点不变，另一端点重新随机选择网络中任一节点。在这一过程中，需要保证任意两个节点之间最多只能有一条边，而且每个节点与自身没有边相连。如此，则会形成 pNK/2 条长程边连接某一个节点与远处的节点。特别是，当 p = 0 时，上述网络即成为完全规则网络；p = 1 时，上述网络即成为完全随机网络。随着对小世界网络研究的深入，Newman 和 Watts 对 WS 小世界网络进行了改进，将 WS 小世界网络中的随机重连改成随机加边，即以概率 p 在网络中随机选择的一对节点间加边，同样需要满足任意两个节点之间最多只能有一条边而且每个节点与自身没有边相连的条件，这就是 NW 小世界网络。与规则网络及随机网络不同，小世界网络的集聚系数较高而且平均距离较短。图 2－12（a）与（b）分别表示了 N = 20，K = 8，p = 0.1 的 WS 小世界网络与 NW 小世界网络。

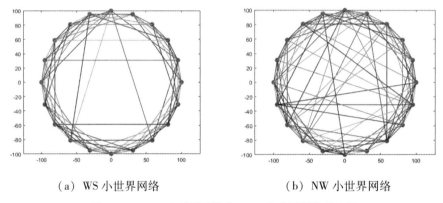

（a）WS 小世界网络 （b）NW 小世界网络

图 2－12 WS 小世界网络与 NW 小世界网络示意图

（3）BA 无标度网络

Barabasi 和 Albert 在研究万维网时发现了复杂网络具有大规模的高度自组织特性，认为传统 ER 随机网络、WS 小世界网络及 NW 小世界网络都未能考虑网络的增长特性以及网络的优先连接特征，并基于网络的增长及优先连接特征提出了 BA 无标度网络。BA 无标度网络是从一个具有 m_0 个节点的网络出发，每次增加一个新的节点，与 m 个已存在的节点相连（显然 $m < m_0$），新的节点与已存在的某个节点 v_i 连接的概率为 $k_i / \sum_j k_j$，其中 k_i 为节点 v_i 的度。经过 t 步后，网络最终会形成 N = t + m_0 个节点、mt 条边的 BA 无标度网络，其网络的度分布不会随着时间以及网络规模 N 而改变。BA 无标度网络的集聚系数随着网络规模 N 的增加而减小，接近于服从幂指数分布。BA 无标度网络的平均距离很短且集聚系数很小，但集聚系数相比同等规模的随机网络来说还是

要大很多。图 2 – 13 显示了 $m_0 = 6$、$m = 2$、$N = 20$ 的 BA 无标度网络。

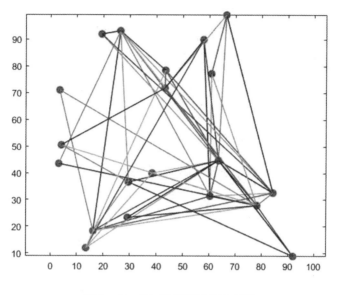

图 2 – 13　BA 无标度网络示意图

2. 复杂网络的统计特性

随着复杂网络在各个领域的广泛应用，对复杂网络的研究也更加深入，学者们提出了很多复杂网络的度量方法来研究复杂网络的结构特性。描述复杂网络的基本特征量主要包括了度与度分布（degree and degree distribution）、平均路径长度（average path length）以及集聚系数（clustering efficient）。

（1）度与度分布

节点的度是指与该节点相连的边的数量，体现了该节点的重要程度。对于有向网络来说，度分为出度与入度。节点 i 的出度 $k_i^{out} = \sum\limits_{j} a_{ij}$，节点 i 的入度 $k_i^{in} = \sum\limits_{j} a_{ji}$。对于无向网络而言，节点 i 的度 $k_i = \sum\limits_{j} a_{ij} = \sum\limits_{j} a_{ji}$。

度分布表示的是节点度的概率分布函数 p（k），指网络中度为 k 的节点在整个网络中所占的比率。不同的网络类型中，度分布具有不同形式。规则网络由于每个节点具有相同的度，所以其度分布集中在一个单一尖峰上，是一种 Delta 分布；完全随机网络每一条边出现的概率相同，大多数节点的度是基本相同的，度分布具有 Poisson 分布的形式；无标度网络具有幂指数形式的度分布，$p(k) \propto k^{-r}$，r 被称为度指数，不同 r 的网络具有不同的动力学性质。

（2）平均路径长度

平均路径长度 L 定义为所有节点对之间距离的平均值，描述了网络中节点间的平均分离程度，计算公式为：

$$L = \frac{1}{N} \sum_{j=1}^{N} \sum_{i=1}^{N} d_{ij} \qquad （式 2-1）$$

其中 d_{ij} 为节点 i 和 j 之间的最短距离。

对于无向简单图而言，$d_{ij} = d_{ji}$ 且 $d_{ii} = 0$，所以上式可简化为：

$$L = \frac{2}{N(N-1)} \sum_{i=1}^{N} \sum_{j=i+1}^{N} d_{ij} \qquad （式 2-2）$$

复杂网络中的平均路径长度表示了整个网络的大小或者尺寸，平均路径长度越大，表明网络整体规模越大，相对而言主体之间联系的紧密程度就会越低。

（3）集聚系数

集聚系数是复杂网络中另外一个重要的度量，衡量的是网络的集团化程度。复杂网络中节点 i 存在 k_i 条边与其他节点直接相连，这 k_i 个节点被称为节点 i 的邻居节点，在这 k_i 个邻居节点之间最多存在 $k_i(k_i-1)/2$ 条边。在复杂网络中节点 i 的 k_i 个邻居节点之间实际存在的边数为 M_i，则无向网络中节点 i 的集聚系数为：

$$C_i = 2M_i / [k_i(k_i-1)] \qquad （式 2-3）$$

对于有向网络而言，其集聚系数为：

$$C_i = M_i / [k_i(k_i - 1)] \qquad (式2-4)$$

复杂网络的集聚系数 C 为所有节点集聚系数的算术平均值，即：

$$C = \frac{1}{N} \sum_{i=1}^{N} C_i \qquad (式2-5)$$

其中 N 为整个网络的节点数。复杂网络的集聚系数表示了整个网络连接的聚集程度，集聚系数越大表明网络中主体聚集程度越高，主体间的同质性更加明显。

二、基于复杂网络的特大型工程项目多元主体冲突放大

特大型工程项目的多元主体包括了政府、项目法人、社会公众、社会组织、媒体等，这些主体围绕着不同的利益诉求产生利益冲突，利用传统的演化博弈理论可以详细地分析特大型工程项目多元主体冲突放大过程及结果。但这些主体在冲突过程中处于一个特定的社会经济环境中，主体与相关的社会稳定风险影响因素之间形成了一个复杂的社会网络。随着复杂网络研究的深入，人们开始关注社会网络对社会资本和集体行动的影响，认为从功能方面来说，主体间形成的复杂网络一方面可能是社会冲突形成的基础，另一方面也可能是化解主体冲突的"稳定器"。复杂网络对特大型工程项目多元主体冲突放大的影响体现在三个方面。第一，在特大型工程项目多元主体冲突放大过程中，一部分主体的冲动倾向会由于复杂网络中存在的"匿名性"而得到增强，此为复杂网络激化特大型工程项目多元主体冲突放大；第二，在特大型工程项目多元主体冲突放大过程中，复杂网络中各节点的复杂联系会使得主体间矛盾长期存在并处于一个相对稳定的状态，不会激化也不会缓和，此为复杂网络维持特大型工程项目多元主体冲突放大；第三，研究表明复杂网络中存在的信任和互惠关系对人们的"主观幸福感"具有积极的

促进作用，当特大型工程项目多元主体冲突时，人们可以通过临近的社会关系进行相关信息沟通，缓冲冲突所带来的恐慌情绪，抵消多元主体冲突对"主观幸福感"的消极影响，此为复杂网络缓和特大型工程项目多元主体冲突放大。

通过梳理我国近年来发生的相关特大型工程项目主体冲突事件，可以发现大多发生于一些地理空间较小的范围内，但激烈程度较高、冲突规模及社会影响较大。这种地理范围较小空间具有典型的"熟人社会"特征，即复杂网络的密度较大，较为容易引起主体间的认同与信任。在特大型工程项目多元主体冲突放大的开始阶段，一般具有空间相对有限的特点，当冲突主体需要进一步表达利益诉求时，复杂网络会表现出一定的扩张性。一方面，冲突事件的发生容易引起具有相同背景的利益主体的关注，从而形成一定规模的小团体；与此同时，主体间通过亲戚朋友、同学同事等"熟人关系"扩大冲突事件的社会影响力，吸引更多的主体参与进来，造成特大型工程项目多元主体冲突的放大。

除了复杂网络表现出的扩张性，在特大型工程项目多元主体冲突放大过程中还表现出一定的线上线下结合性。在特大型工程项目多元主体冲突放大过程中，弱势利益相关者的利益诉求、强弱势群体力量的不平衡、政府应对能力的不足等都会带给社会公众强烈的心理感知。随着当前信息技术的蓬勃发展，互联网的兴起使得信息传递受到时间与空间的限制越来越少，包括传统媒体、自媒体在内的大众媒介以及各主体间的人际关系网络加大了这种心理感知对社会公众的冲击，增强了特大型工程项目多元主体冲突导火索的扩散性和外溢性，更容易引发社会关注，造成多元主体冲突的放大。在特大型工程项目多元主体冲突的复杂网络中，网络舆论使得相关主体的责任感会大大下降，大量的信息扩散给主体带来了强烈的冲击，一些认知能力不足的主体会受到影响，从而认同特大型工程项目多元主体冲突而且参与其中，导致冲突的不断放大。而且，随着这种情绪的聚集，线上的情绪将向线下蔓延，一些不明就里的主体会从虚拟的网络世界走向真实世界，他们的举动给更多的主体起到了示范作用，推动着特大型工程项目多元主体冲突的进一步放大。

因此，在特大型工程项目多元主体冲突放大机理研究中，不能仅仅依靠于传统的演化博弈来分析特大型工程项目关键利益主体的冲突演化。在此基础上，应该要充分考虑特大型工程项目多元主体之间的复杂关系环境对多元主体冲突演化的影响，结合复杂网络，选择符合真实情况的复杂网络结构类型，仿真分析特大型工程项目多元主体冲突在复杂网络上如何演化，研究复杂网络上特大型工程项目多元主体冲突放大机理。

三、基于复杂网络的特大型工程项目社会稳定风险扩散

复杂网络上的特大型工程项目社会稳定风险扩散研究属于复杂网络上的传播动力学研究，其是复杂网络理论研究的重要方向。从 Stanley Milgram 在小世界实验中提出了六度分隔理论，此后复杂网络理论被广泛应用于社会关系网络研究之中，被众多学者证明非常适用于对反映复杂社会关系网络的研究。特大型工程项目社会稳定风险的扩散过程是其利益相关者对风险事件信息的发布、接收以及转发，进而引起社会公众的关注，造成重大的社会影响，引发社会失稳。社会稳定风险扩散机制反映了各利益相关者之间的多重复杂影响，影响过程是在社会关系网络上进行的，在此过程中不管是政府、项目法人等直接利益相关者还是社会组织、社会公众等非直接利益相关者，都具有异质性的主体属性，其思维观点及行为方式也存在着差异性，这些都满足无标度网络、小世界网络等复杂网络的结构特性，同时复杂网络所具有的网络进化性、非线性动力性、鲁棒性、脆弱性、涌现性等特征也都在此过程中显现出来。研究证实现实生活中信息传播、谣言散布、风险传播等都是服从特定规律的网络传染动力行为，而社会稳定风险又具有类似病毒传播的特性。

因此，本书对特大型工程项目社会稳定风险扩散过程的研究将会基于复杂网络的传染病模型来开展。

传染病的传播模型起源于 18 世纪人类对天花传染的分析，随着研究的深入，学者们陆续构建了一些定量研究传染病传播规律的传染病模型，从医学研究领域逐渐扩展到一般的传播机理研究，形成了 SI 模型、SIS 模型、SIR 模型等典型的复杂网络传染模型。本书后续研究内容将基于 SIR 模型，对其进行改进，因此接下来主要介绍 SIR 模型。

与 SI 模型与 SIS 模型不同，SIR 模型中的人群种类为三类，除了一类健康的人与一类已被传染的病人，还存在一类免疫群体。免疫群体表示被传染的病人被治愈后具备免疫功能或者在群体中消失，不会再对传染过程产生任何影响。在 SIR 模型中，用 S 表示处于健康状态的人群，I 表示已被传染的病人人群，R 表示免疫人群。SIR 模型具有以下几个假设条件：

①$S(t)$ 表示 t 时刻处于健康状态人群的比例，$I(t)$ 表示 t 时刻处于已被传染状态人群的比例，$R(t)$ 表示 t 时刻治愈后处于免疫状态人群的比例；

②健康状态的人群以一定的概率被已被传染的病人传染成为病人，我们将传染率记为 λ；

③已被传染的病人以一定的概率被治愈从而成为健康的人，我们将病人的治愈率记为 μ，已被治愈的免疫群体的人不会再次被传染，也不参与任何传染过程。

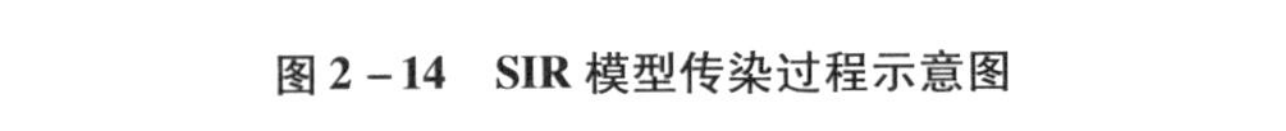

图 2 - 14　SIR 模型传染过程示意图

图 2 - 14 表示了 SIR 模型传染的过程。根据以上假设可知，每一时

刻有 $\lambda S(t)I(t)$ 的健康状态的人被传染成为病人，同时又有 $\mu I(t)$ 的病人被治愈成为免疫人群，由此可得 SIR 模型为：

$$\frac{dS(t)}{dt} = -\lambda S(t)I(t)$$

$$\frac{dI(t)}{dt} = \lambda S(t)I(t) - \mu I(t)$$

$$\frac{dR(t)}{dt} = \mu I(t)$$

由此微分方程可知，被传染人数会逐步增加，当达到一定时间后，被传染人数会因为健康状态人数的下降而开始减少直到已被传染的病人人数减至 0。与 SIS 模型相同，SIR 模型也存在一个阈值 λ_c，当 $\lambda > \lambda_c$ 时，人群会被大规模传染；当 $\lambda < \lambda_c$ 时，人群不会被大规模传染。

特大型工程项目的社会稳定风险扩散是一个复杂的系统，在这个系统中大量的主体之间或主体的相关影响因素之间存在着复杂的网络关系。这些主体在传播扩散社会稳定风险时，也具有类似于传染病模型中的 S 状态（容易被社会稳定风险影响，参与扩散的主体）、I 状态（积极扩散社会稳定风险的个体）、R 状态（因为某些原因不相信社会稳定风险，不参与扩散的主体）的主体特征。因此，本书考虑运用传染病模型来研究特大型工程项目的社会稳定风险扩散，并在复杂网络拓扑结构上，仿真分析特大型工程项目的社会稳定风险在复杂网络上如何扩散。

基于以上分析，多元主体的复杂网络对特大型工程项目社会稳定风险的影响主要体现在两个方面，一是复杂网络在多元主体冲突放大过程中表现出的空间相对有限性、扩张性以及线上线下结合性对特大型工程项目多元主体冲突的影响，另一方面是复杂网络所具有的网络进化性、非线性动力性、鲁棒性、脆弱性和涌现性等复杂特征对社会稳定风险扩散的影响，如图 2 – 15 所示。

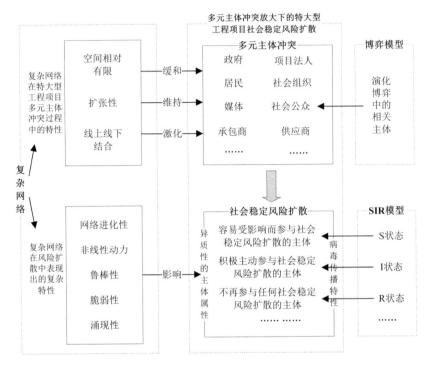

图 2 – 15　多元主体的复杂网络对特大型工程项目社会稳定风险的影响

第四节　本章小结

　　本章是特大型工程项目社会稳定风险的复杂网络分析。首先，对特大型工程项目以及特大型工程项目的社会稳定风险进行了概念界定，并分析了其特征；其次，基于利益相关者理论、社会冲突理论、风险的社会放大框架等理论分析了特大型工程项目多元主体冲突与社会稳定风险的关系；最后，探讨复杂网络对特大型工程项目多元主体冲突的三种影响，并基于复杂网络传播动力学分析复杂网络上特大型工程项目社会稳定风险扩散的传染模型，为特大型工程项目多元主体冲突机理及其引发的社会稳定风险扩散研究奠定理论基础。

第三章

特大型工程项目社会稳定风险的关键主体界定

当前，网络社会和信息社会使得传统社会结构发生了改变，同时也增加了社会的不稳定性与风险性。网络社会和信息社会的动态复杂网络环境对社会稳定风险的管理提出了巨大的挑战，风险信息的传播不再是以政府为主体的传播控制模式，而是多元主体多极化信息传播。在特大型工程项目社会稳定风险的形成与扩散过程中，各类主体及其风险因素形成了具有特定拓扑特性的主体互动关系复杂网络结构。在这个主体互动关系复杂网络中，各主体在网络中所处的位置不同，在特大型工程项目社会稳定风险形成与扩散中具有的作用就不同。因此，本章需要对特大型工程项目社会稳定风险的关键主体进行界定，为后文进行进一步的主体冲突放大研究奠定基础。

第一节　关键主体界定的社会网络分析方法

一、特大型工程项目社会稳定风险关键主体界定的思路

社会网络分析方法中的节点和位置分析功能可以为特大型工程项目社会稳定风险的关键主体界定提供新的视角。因此，本书将从利益相关

者视角出发，利用社会网络分析方法来界定特大型工程项目社会稳定风险的关键主体。社会网络分析方法一般遵循"确定边界——确定关系——可视化与数据分析"三个主要步骤。

1. 边界的确定

社会网络分析方法中边界的确定是要明确所研究的对象范围。在本书中，边界的确定就是初步总结出特大型工程项目的相关主体及社会稳定风险因素，确定特大型工程项目的利益相关者与特大型工程项目的社会稳定风险因素。

2. 关系的确定

社会网络分析方法中关系的确定是指对所研究对象之间的相互关系进行确定。在本书中，关系的确定就是明确特大型工程项目各利益相关者与各社会稳定风险因素之间的联系。

3. 可视化与数据分析

社会网络分析方法中可视化与数据分析是指利用相关社会网络分析软件对已确定的相关对象及其相互关系进行可视化，并利用相关测度指标进行分析。在本书中，可视化与数据分析就是构建出"利益相关者－社会稳定风险因素"2－模网络以及对网络密度、中心性、结构洞等相关指标进行测量。

特大型工程项目社会稳定风险关键主体界定的社会网络分析方法框架如图3－1所示。

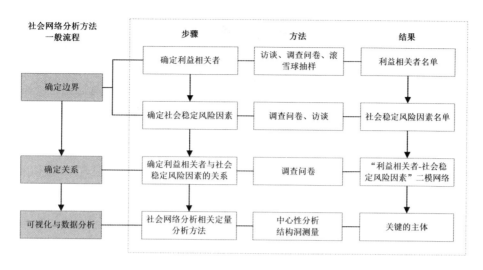

图3-1 特大型工程项目社会稳定风险关键主体界定的社会网络分析方法框架

二、特大型工程项目的利益相关者识别

通过第二章的分析可以看出，对于特大型工程项目的利益相关者识别，一般是通过问卷调查、文献梳理、滚雪球等方法，由于研究对象及研究目的的不同，得到的利益相关者并不完全一致，对于不同的研究需求应该采取针对性的利益相关者识别。本书关注的是特大型工程项目社会稳定风险管理过程中的利益相关者，首先应当识别特大型工程项目的一般利益相关者。通过第二章对特大型工程项目多元主体的分析及其他相关文献的梳理，初步总结出特大型工程项目的利益相关者，包括了政府、项目法人、承包商、供应商、分包商、监理单位、设计单位、施工人员、当地群众、专家学者、社会公众、媒体、社会组织等13类，并进行了简单定义，如表3-1所示。

表3-1　特大型工程项目的利益相关者

利益相关者	利益相关者的描述
政府	特大型工程项目所在地的政府机关
项目法人	特大型工程项目建设的责任主体，负责项目策划、资金筹措、建设实施等
承包商	具体承担特大型工程项目建设的相关单位，受雇于项目法人
供应商	为特大型工程项目提供材料、设备等的相关单位
分包商	承担特大型工程项目施工、运输、劳务等子工程的相关单位
监理单位	承担特大型工程项目监理任务的单位
设计单位	为特大型工程项目进行设计工作的相关单位
施工人员	参与特大型工程项目建设施工的工人
当地群众	生活在特大型工程项目所在地且受到其影响的人，包括移民群众
专家学者	与特大型工程项目相关的项目管理、工程技术、环境保护等方面的专家
社会公众	对特大型工程项目比较关心的非项目所在地的普通群众
媒体	报纸、网络、广播等传统媒体和新媒体平台及其从业者
社会组织	对特大型工程项目比较关注的环境保护、社会发展等方面的社会组织

三、特大型工程项目的社会稳定风险因素识别

1. 经济因素

经济因素存在于特大型工程项目的规划、建设、运营等多阶段，是诱发特大型工程项目社会稳定风险的主要风险因素。导致特大型工程项目社会稳定风险的经济因素包括了项目建设财务问题、当地经济发展质量问题、受影响群众的利益补偿问题、市场风险问题等，这些经济因素

的存在与相互影响会加剧特大型工程项目的社会矛盾，造成社会冲突，引发社会稳定风险。

（1）项目建设财务问题

项目的财务管理是整个工程项目的核心，无论工程项目的规模、任务、性质如何，都需要考虑财务问题，对于特大型工程项目来说更是如此。从项目开始至项目结束都始终离不开项目的财务管理，项目建设的财务问题贯穿于特大型工程项目建设的全过程，例如前期的规划设计费用、中期的施工费用、后期的维护费用等。一旦项目的财务问题出现，非常容易引发工程的技术问题、工期延期等情况，引起特大型工程项目资金、进度和质量的相互矛盾，极大地增加项目的不确定性，影响特大型工程项目所在地的社会稳定。

（2）当地经济发展质量问题

一般说来，特大型工程项目的建设会在一定程度上促进当地经济发展，但对于经济发展质量并不一定会是正面的影响。经济发展质量的内涵实质上是一种效率的观念，表现为固定投入下产出更高或固定产出下投入更少。特大型工程项目所在地的经济发展不能只顾当前短期利益，而应是一种长期可持续的观念，当特大型工程项目的建设在当地是以对资源、环境的巨大破坏为代价来促进经济发展，经济发展质量问题就会逐步显现。当地经济发展质量的问题反过来又会影响到当地居民的切身感受，进而引发当地居民对特大型工程项目的抗拒，进一步地影响地区社会稳定。

（3）受影响群众的利益补偿问题

特大型工程项目的实施一般会涉及征地拆迁问题，造成大量的工程移民，这种工程移民属于非自愿移民，不仅影响特大型工程项目所在区域的人口迁移与社会系统重构，而且也会对特大型工程项目的建设产生影响。对移民拆迁问题影响最大的就在于利益补偿，受影响群众的利益补偿不合理、不公平、不及时等问题都会引发不满情绪，受影响群众的利益补偿问题处理不当会直接导致群体性事件的发生，增加对政府、项目法人的冲击，也间接增大了项目建设的财务压力，造成社会稳定风险的爆发。

（4）市场风险问题

特大型工程项目由于其投资额度巨大、建设周期长的特点，在长期的项目建设过程中不可避免地会存在原材料价格、利率等市场方面的波动，造成项目价值未预料到的潜在损失的风险，从而对项目的进度、质量、财务等方面造成影响，进而引发特大型工程项目的社会稳定风险。

2. 社会因素

特大型工程项目建设有时会因为政府与项目法人等利益相关方片面追求经济利益与政绩的最大化，而忽视特大型工程项目对当地社会环境造成的负面影响，而这些社会因素往往会成为被忽视的社会稳定风险因素。特大型工程项目社会稳定风险的社会因素包括了社会治安问题、居民生活质量问题、居民健康问题、地区失业问题等方面。

（1）社会治安问题

良好的社会秩序是经济社会正常运转的关键，也是特大型工程项目取得成功的重要保障。建设周期长与建设复杂性是特大型工程项目的两大特征，在特大型工程项目的建设过程中，伴随着工程移民的外迁以及施工人员的进入，人员构成与社会关系复杂，给社会治安管理带来了极大的挑战。社会治安问题的恶化，不但会直接造成人员伤亡与财产损失，也容易引发施工方与当地群众等不同团体的矛盾，影响特大型工程项目的建设，从而对地区社会稳定造成极大威胁。

（2）居民生活质量问题

居民的生活质量是指在一定时期内，某一地区人民群众生活的社会环境和生活保障的状况，是从质的方面反映人民群众生活的社会条件。

特大型工程项目建设的项目风险大、影响范围广等特征使得其在一定范围内影响人民群众的正常生活，人们的生活习惯、社会风俗等都有可能被迫进行调整，造成居民生活质量的下降。在一个长期范围内，生活质量的持续受影响势必会造成当地居民的不满情绪，容易引发地区社会动荡，造成社会稳定风险。

（3）居民健康问题

随着社会经济的快速发展，人民群众对于特大型工程项目建设引起的生态环境问题特别重视，这追根究底还是人们对于自身健康问题关注度的提高，担心特大型工程项目的建设会影响到他们甚至下一代的身心健康，例如各地爆发的抵制 PX 项目事件、反对核电项目建设等，都无不是担忧特大型工程项目建设引发的健康问题。因此，作为群众特别关心的一个方面，居民生活质量问题也成为特大型工程项目建设过程中社会稳定风险的一个重要社会因素。

（4）失业问题

特大型工程项目的建设在一定时期内会促进当地的就业，但在其完成建设进入运行阶段之后，大批施工人员离开，当地社会也会逐步恢复正常化，以往依靠特大型工程项目建设的相关人员（例如项目施工人员、材料运输人员、后勤保障人员等）会随着项目建设的结束而离岗，面临重新就业的困难，从而在特大型工程项目所在地产生一系列的社会不稳定因素。

3. 环境因素

自然环境作为人类社会生存和发展的基础，对于人类实践活动具有决定性的作用。特大型工程项目的建设在对大自然进行改造的同时，也不可避免地会对自然环境造成一定的破坏。如果这些自然环境问题得不到有效的解决，极有可能引发较大的社会稳定风险。例如重大水利工程的建设可能会引发工程周边泥石流、山体滑坡等灾害，进而演化为社会风险，引起地区社会的不稳定。特大型工程项目社会稳定风险的环境因素包括了环境污染问题、生态破坏问题以及不可预见的自然问题等。

（1）环境污染问题

工程项目群体性事件爆发的重要原因之一就是特大型工程项目建设引发的环境污染问题。特大型工程项目引发的空气污染、水质污染、噪声污染等都成为人们对特大型工程项目抵触的重要因素，特大型工程项目的环境污染问题如果得不到高度重视，极容易导致利益相关方的不满，进而爆发抗议活动甚至群体性事件，引发特大型工程项目所在地的社会失稳。

（2）生态破坏问题

特大型工程项目建设引发的生态破坏问题是引发工程项目群体性事件的另一重要因素。特大型工程项目由于其建设规模之巨大，使得其对生态环境的影响也非常之大，森林衰竭、水土流失、生物种群消失等生态破坏问题如果在特大型工程项目的规划、审批、建设等阶段及时解决或刻意对公众隐瞒，极易爆发大规模的群体性事件，造成特大型工程项目所在地社会的不稳定，引发社会稳定风险。因此，生态破坏问题是特大型工程项目社会稳定风险的一个重要自然因素。

（3）不可预见的自然问题

对于特大型工程项目所面临的不可预见的自然问题，一般也可称之为自然灾害，例如恶劣的天气（严寒酷暑、台风、暴雨等）以及由此引发的泥石流、山体滑坡等次生灾害，一方面会直接影响项目进度，进而增加特大型工程项目建设的不稳定性；另一方面，不可预见的自然问题会造成人员伤亡与财产损失，对当地居民的身心都造成打击，造成社会不安因素的增加，进而会影响地区社会稳定。因此，不可预见的自然问题也是特大型工程项目社会稳定风险的重要自然因素之一。

4. 其他因素

特大型工程项目的社会稳定风险因素除了以上所列出的经济因素、

社会因素、自然因素之外，还存在着项目进度问题、工程技术问题、项目管理问题、文化冲突问题等其他因素。

（1）项目管理问题

特大型工程项目具有投资规模巨大、建设周期长的特性，其包含的单项工程也非常多，各单项工程的衔接关系非常复杂，对项目管理提出了很高的要求。特大型工程项目的各相关方在项目进展过程中由于分工不同、目的不同而有可能会出现行动不一致的情况，从而引发风险，这种由于各相关方关系不协调而引起的风险就是项目管理风险。项目管理问题若不能妥善处理，势必会影响合作者之间的关系，产生利益冲突，影响项目进展和项目目标的实现，成为社会稳定风险因素之一。

（2）工程技术问题

技术因素是特大型工程项目复杂性的原因之一，工程技术管理在特大型工程项目建设全过程中的重要性不言而喻，从前期的立项规划、施工准备、施工建设到后期的维护，都与工程技术管理息息相关。工程技术问题不仅包括了技术不足风险、技术开发风险，也包括了技术使用风险、技术转让风险等，这些风险的出现不仅会增加项目成本的支出，影响特大型工程项目的工作效率，而且会增加特大型工程项目的不确定性，加大项目管理的难度。

（3）项目进度问题

对于特大型工程项目而言，时间代表着机遇，同时也代表着利益。在特大型工程项目建设过程中，项目进度控制是质量控制的重要保证之一，也是保证项目财务正常的重要手段之一。一方面，如果项目进度控制出现问题，不仅会直接影响项目成本，进而增加项目的不确定性，形成不稳定因素；另一方面，进度控制的不合理容易产生工程质量问题，一定程度上影响工程的安全，引发公众恐慌。因此，项目进度问题是特大型工程项目的社会稳定风险因素之一。

（4）文化冲突问题

特大型工程项目的建设一方面会对物质文化景观等造成直接破坏，另一方面也会改变当地社会生活的风俗习惯，宗教文化、传统民族文化也面临被边缘化的风险。特别是在中国某些地区，"乡土观念""安土重迁"等中华民族特有情感以及语言、风俗习惯的差异等都会加重工程移民的社会归属感的缺失，容易引起工程移民的抵触心理，造成各方面的直接冲突，引发社会稳定风险。

根据以上对经济因素、社会因素、自然因素以及其他因素的分析，本书将特大型工程项目社会稳定风险因素进行分解，如表3-2所示。

表3-2　特大型工程项目的社会稳定风险因素

社会稳定风险因素		社会稳定风险因素的说明
经济因素	项目建设财务问题	项目建设过程中的预算超支、费用拖欠等问题
	当地经济发展质量问题	项目对资源环境的破坏而造成的经济发展质量低下
	受影响群众利益补偿问题	受影响群众的补偿不合理、不公平等
	市场风险问题	外部市场的价格、利率、汇率的波动等
社会因素	社会治安问题	项目建设导致项目所在地社会治安的恶化
	居民生活质量问题	项目建设降低了当地居民的生活质量
	居民健康问题	项目建设影响了当地居民身心健康
	失业问题	项目建设影响了当地居民的就业
自然因素	环境污染问题	项目建设造成了当地较为严重的环境污染
	生态破坏问题	项目建设对当地的生态环境造成了破坏
	不可预见的自然问题	台风、暴雨及由此引发的泥石流、山体滑坡次生灾害
其他因素	项目管理问题	项目实施中各相关方的不协调
	工程技术问题	项目建设过程中出现的各类技术问题
	项目进度问题	项目不能按时完工等项目进度控制问题
	文化冲突问题	项目建设对当地文化造成的破坏

四、2 - 模网络构建步骤

20 世纪 70 年代以后，由于图论、概率论等数学方法的发展，社会网络理论与自然科学领域进一步交叉发展，开始对网络的密度、中心性、结构洞等社会网络结构和位置角色的研究，形成了系统的社会网络分析方法。社会网络分析是社会学家分析社会行动者之间关系结构的一种方法。根据网络类型的不同，社会网络可以分为个体网（ego - networks）、局域网（partial networks）和整体网（whole networks），因此社会网络分析也可以在这三个层次上进行研究，其中最重要的是整体网与个体网的研究。如图 3 - 2 显示了个体网、局域网与整体网等相关概念的关系。

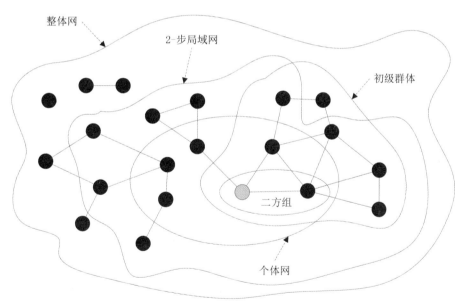

图 3 - 2　个体网、局域网与整体网

社会网络的划分标准有很多种，除了上述所说的个体网、局域网和整体网，也可以根据行动者集合类型的数目来划分，分为 1 - 模网络、2 - 模网络、3 - 模网络等。在网络中存在的行动者集合的类型的数目被称为模，1 - 模网络仅仅研究一个集合的行动者，主要分析内部各行动者之间的关系，例如特大型工程项目利益相关者之间的关系；2 - 模网络主要是研究两类行动者集合之间的关系，或一类行动者和一类事件之间的关系，例如本书要研究的特大型工程项目的利益相关者与社会稳定风险因素之间的关系。根据 2 - 模网络分析的一般步骤，特大型工程项目"利益相关者 - 社会稳定风险因素" 2 - 模网络的构建步骤包括了 2 - 模数据矩阵构建、2 - 模数据矩阵向 1 - 模数据矩阵的转化以及 2 - 模网络的可视化。

1. 构造 2 - 模数据矩阵

2 - 模数据矩阵中行与列的对象是不同的，例如在特大型工程项目"利益相关者 - 社会稳定风险因素" 2 - 模数据矩阵中，行表示利益相关者（S_i），列表示社会稳定风险因素（R_j），如表 3 - 3 所示。本研究的数据通过调查问卷与访谈相结合的方式获得，在所有受访对象中，如果有 x 人（或者 x 份调查问卷）认为 S_i 与 R_j 有紧密联系，则 $S_i R_j = x$。

表 3 - 3 特大型工程项目"利益相关者 - 社会稳定风险因素" 2 - 模数据矩阵示例

社会稳定风险因素 利益相关者	R_1	R_2	……	R_n
S_1	$S_1 R_1$	$S_1 R_2$	……	$S_1 R_n$
S_2	$S_2 R_1$	$S_2 R_2$	……	$S_2 R_n$
……	……	……	$S_i R_j = x$	……
S_m	$S_m R_1$	$S_m R_2$	……	$S_m R_n$

2.2 二模数据矩阵转化为 1 - 模数据矩阵

对 2 - 模数据最为常见的分析方法是将该 2 - 模数据矩阵转化为两个 1 - 模数据矩阵，再分别对每一类节点之间的关系进行分析。例如特大型工程项目"利益相关者 - 社会稳定风险因素"2 - 模数据，可以转化为"利益相关者 - 利益相关者"关系数据，表示的是每一对利益相关者同时具有密切联系的社会稳定风险因素的个数，这种转化模式称之为行模式；也可以转化为"社会稳定风险因素 - 社会稳定风险因素"关系数据，表示的是每一对社会稳定风险因素之间所共有的利益相关者个数，这种转化模式称之为列模式。具体的转化方法包括了对应乘积法与最小值方法两种。

对应乘积法。该方法是将行动者 A 所在行的每一项分别乘以行动者 B 的对应项，再进行加总。这种方法中的乘积是对"共同发生"的次数的累积，因此主要适用于二值数据。对于二值数据来说，在二值数据中，必须是每个行动者在某一事件上都存在的时候，乘积才会是 1，只有一方存在或双方都不存在乘积都为 0。因此，在各个事件上的总和就是行动者共同包含的事件的次数，这也表示了关系的强度。

最小值方法。该方法是从每个事件上的两个行动者的每一项中选出最小值。对于二值数据，最小值方法与对应乘积方法结果相同。对于多值数据，此方法表示的是两个行动者之间的关系等于两个行动者与事件之间关系的最小值。最小值方法一般用于对多值数据的处理，本研究所得到的数据属于多值数据，因此本书选择最小值方法进行 2 - 模数据向1 - 模数据的转化。

3. 网络的可视化

对特大型工程项目"利益相关者 - 社会稳定风险因素"2 - 模数据进行可视化中即构建特大型工程项目"利益相关者 - 社会稳定风险因素"二部图，首先需要构建一个二部矩阵，这些都可借助社会网络分析软件完成。此外，对于 2－模数据矩阵的转化、利益相关者关系 1－模数据及社会稳定风险因素关系 1－模数据的可视化等也都需要借助社会网络分析软件。目前，较为常见的社会网络分析软件包括了 Ucinet、Pajek、NetMiner 等，本书主要利用 Ucinet6.0 进行可视化，并进行相关数据分析。一般而言，网络图中节点的不同形状表示不同的节点类型（利益相关者或者社会稳定风险因素），节点的大小可以依据节点的度或中心性等不同指标大小来表示，节点之间的联系表示节点之间的关系（利益相关者之间的关系、社会稳定风险因素之间的关系或利益相关者与社会稳定风险之间的关系），节点间联系的粗细表示关系的强弱。

第二节　特大型工程项目"利益相关者－社会稳定风险因素" 2－模网络构建

一、问卷设计

社会网络分析的问卷设计除了遵循一般问卷设计的原则，还应当注意社会网络分析方法的特点。社会网络分析一般具有比较明确的边界，因此一般不采用随机抽样方法获得样本，而一般采用方便抽样方法。此外，因为对于同一对行动者而言，他们之间可能存在着不止一种关系，因此应当进行多维度的关系调查，以期尽可能多地获得行动者之间的多种关系。社会网络分析的问卷设计具有一些调查技巧，例如问卷尽量不署名，可以事后由研究者自己加上被调查名字，保证不泄密，强调本研究纯属学术研究等。针对特大型工程项目社会稳定风险的利益相关者研究需要，遵循以上调查原则，结合前文初步识别出的利益相关者、社会稳定风险因素，本书设计了特大型工程项目利益相关者与社会稳定风险因素关系调查问卷。

调查问卷主要包括了三个方面的问题，首先是需要确定特大型工程项目的利益相关者，在调查问卷中给出初步识别出的利益相关者为受访者提供参考，让受访者从中选择并补充出相关利益相关者，填入已制好的特大型工程项目利益相关者与社会稳定风险因素关系表中；其次，在调查问卷中给出初步识别出的特大型工程项目的社会稳定风险因素为受访者提供参考，让受访者从中选择并补充得到相关社会稳定风险因素，填入已制好的特大型工程项目利益相关者与社会稳定风险因素关系表中；最后，让受访者判断各利益相关者会与哪些社会稳定风险因素有关系，如果某一利益相关者与某一社会稳定风险因素有关系，则在相应表格中填入"√"，由此完成特大型工程项目利益相关者与社会稳定风险因素关系表。

二、数据搜集与分析

由于社会稳定风险的敏感性，因此本书进行了"脱敏"处理，不给出具体调研的特大型工程项目名称。本研究的问卷发放依托于国家自然科学基金项目（面向多元利益冲突放大的特大型工程项目社会稳定风险形成机理与治理研究，71573072）研究团队，通过对广东某重大水利枢纽工程展开调研，对工程项目涉及的政府、项目法人、行业专家、当地群众等相关主体进行了访谈与问卷发放。调研对象是一项以防洪、供水为主，兼顾发电和航运的综合性重大水利枢纽工程，与上下游堤防共同组成"堤库结合"的防洪体系，工程正常蓄水水位为38米，校核洪水位为46.29米，其防洪库容为2.037亿立方米，总库容为4.01亿立方米，电站装机容量100兆瓦，年发电量5.85亿度，为国家Ⅱ等大（2）型工程，其主要建筑物级别为2级，次要建筑物级别为3级，临时性建筑物为4级。水库淹没总面积32706.04亩，其中水域面积

22585.97 亩，陆地面积 10120.07 亩，陆地面积中包括耕地面积 3243.31 亩、园地 438.48 亩、林地 3082.23 亩、草地 716.21 亩、住宅用地 496.70 亩、交通运输用地 129.68 亩、水域及水利设施用地 1987.22 亩、其他用地 27.23 亩。

为了避免问卷的发放无效，提前对相关单位进行了联系，在获得确定答复之后再进行问卷发放。特大型工程项目利益相关者与社会稳定风险因素关系调查问卷共发放 51 份，收回 47 份，剔除 1 份填写不全的问卷，共得到有效问卷 46 份，有效问卷率为 90.2%。通过对 46 份有效问卷中利益相关者的统计，发现政府、项目法人、承包商、当地群众出现次数比较高，被受访者认为是特大型工程项目最为主要的利益相关者。此外，除了前文初步识别出的 13 类利益相关者之外，调查问卷中还出现了环保部门、银行、工会组织、保险公司、金融机构 5 类利益相关者，具体的利益相关者统计结果如表 3-4 所示。

表 3-4　广东某重大水利枢纽工程利益相关者统计结果

利益相关者	出现频次	利益相关者	出现频次
政府	46	专家学者	36
项目法人	43	社会公众	40
承包商	44	媒体	33
供应商	39	社会组织	33
分包商	38	环保部门	2
监理单位	33	银行	1
设计单位	38	工会组织	3
施工人员	37	保险公司	1
当地群众	46	金融机构	2

通过对 46 份有效问卷中社会稳定风险因素的统计，发现项目受影

响群众的利益补偿问题、环境污染问题、生态破坏问题出现次数比较高，被受访者认为是特大型工程项目最为主要的社会稳定风险因素。此外，除了前文初步识别出的 15 类社会稳定风险因素之外，调查问卷中还出现了腐败勾结问题这一社会稳定风险因素，具体的社会稳定风险因素统计结果如表 3 - 5 所示。

表 3 - 5 广东某重大水利枢纽工程社会稳定风险因素统计结果

社会稳定风险因素	出现频次	社会稳定风险因素	出现频次
项目建设财务问题	43	环境污染问题	45
当地经济发展质量问题	42	生态破坏问题	45
受影响群众利益补偿问题	45	不可预见的自然问题	37
市场风险问题	32	项目管理问题	43
社会治安问题	38	工程技术问题	39
居民生活质量问题	41	项目进度问题	39
居民健康问题	35	文化冲突问题	42
失业问题	36	腐败勾结问题	1

表 3 - 4 与表 3 - 5 给出了特大型工程项目主要利益相关者与社会稳定风险因素的统计结果，为了更加深入研究特大型工程项目利益相关者与社会稳定风险因素之间的关系，确定关键利益相关者与关键社会稳定风险因素，需要构建特大型工程项目"利益相关者 - 社会稳定风险因素"二部图，并利用社会网络分析方法中的相关测度指标来进行分析。

三、"利益相关者 - 社会稳定风险因素"二部图构建

特大型工程项目社会稳定风险利益相关者与社会稳定风险因素关系调查问卷中最为重要的是完成两者之间的关系调查，在问卷调查的第三部分让受访者判断各利益相关者会与哪些社会稳定风险因素有关系。通

过对 46 份有效问卷的统计，并对调查问卷中的特大型工程项目利益相关者与社会稳定风险因素关系表的整理，可以得到广东某重大水利枢纽工程"利益相关者 – 社会稳定风险因素"2 – 模数据矩阵，如表 3 – 6 所示。表中行表示搜集到的特大型工程项目利益相关者，列表示搜集到的特大型工程项目社会稳定风险因素，表中某行某列交叉格中的数字代表有多少受访者认为此行的利益相关者与此行的社会稳定风险因素具有密切联系，对特大型工程项目的社会稳定风险具有重要影响。例如，表中第一行第一列的 12 表示有 12 位受访者认为政府与项目建设的财务问题息息相关，对特大型工程项目的社会稳定风险具有重要影响。

表 3 – 6　广东某重大水利枢纽工程"利益相关者 – 社会稳定风险因素"2 – 模数据矩阵

利益相关者 ＼ 风险因素	项目建设财务问题	经济发展质量问题	群众利益补偿问题	市场风险问题	社会治安问题	居民生活质量问题	居民健康问题	失业问题	环境污染问题	生态破坏问题	不可预见自然问题	项目管理问题	工程技术问题	项目进度问题	文化冲突问题	腐败勾结问题
政府	12	42	38	5	38	36	30	36	43	42	30	6	2	11	34	1
项目法人	38	9	25	28	20	13	13	13	32	31	25	39	37	35	23	0
承包商	40	7	9	30	13	9	7	5	15	13	14	38	25	35	12	1
供应商	29	1	1	27	2	2	2	3	8	5	4	18	12	32	0	0
分包商	27	3	3	24	6	4	4	1	9	7	5	24	15	34	4	0
监理单位	22	0	9	12	9	2	0	5	12	11	9	32	22	23	11	1
设计单位	16	7	5	7	2	5	3	1	25	33	11	12	29	10	5	0
施工人员	14	0	4	0	9	3	4	5	3	3	1	11	21	31	15	0
当地群众	0	27	40	1	33	37	31	33	42	42	26	2	2	6	32	1
专家学者	5	17	15	9	14	7	7	8	30	29	19	15	2	12	24	0
社会公众	1	13	21	1	25	18	15	15	29	30	15	0	1	2	19	0

风险因素 利益相关者	项目建设财务问题	经济发展质量问题	群众利益补偿问题	市场风险问题	社会治安问题	居民生活质量问题	居民健康问题	失业问题	环境污染问题	生态破坏问题	不可预见自然问题	项目管理问题	工程技术问题	项目进度问题	文化冲突问题	腐败勾结问题
媒体	3	21	28	2	23	17	17	22	22	23	16	1	2	4	21	0
社会组织	0	19	25	0	23	17	20	21	23	26	15	0	0	5	23	0
环保部门	0	0	2	0	0	0	2	0	2	1	2	0	0	0	0	0
银行	1	1	0	1	0	0	1	0	0	0	0	0	0	1	0	0
工会组织	2	2	1	2	3	2	2	3	2	2	2	0	0	0	3	0
保险公司	1	1	0	1	0	0	1	0	0	0	0	0	0	0	0	0
金融机构	2	1	0	2	0	0	0	0	1	0	0	0	1	0	1	0

首先，将得到的广东某重大水利枢纽工程"利益相关者－社会稳定风险因素"2－模数据矩阵输入社会网络分析软件 Ucinet 中并进行保存；然后，利用 Ucinet 中 Transform→Bipartite 分析路径完成二部矩阵的构建；最后，利用 Ucinet 中 Visualize→NetDraw→File→Open→ Ucinet dataset→2－Mode network 分析路径完成广东某重大水利枢纽工程"利益相关者－社会稳定风险因素"二部图构建，如图 3－3 所示。

从图 3－3 广东某重大水利枢纽工程"利益相关者－社会稳定风险因素"二部图中可以看出，一共包含了 34 个节点，左侧圆形节点表示 18 个利益相关者，右侧方形节点表示 16 个社会稳定风险因素，两者之间的连线表示利益相关者与社会稳定风险因素之间的联系。特大型工程项目"利益相关者－社会稳定风险因素"二部图表现出一定的聚类性，可以清楚地看出 2－模关系的结构。

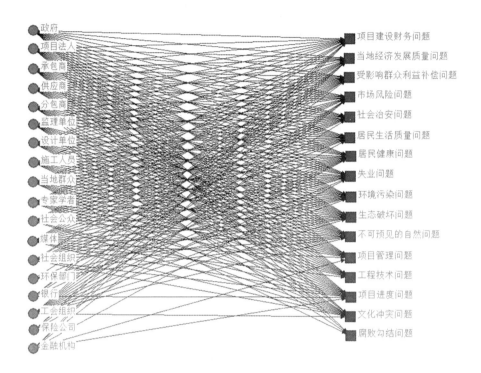

图 3 - 3　广东某重大水利枢纽工程"利益相关者 - 社会稳定风险因素"二部图

第三节　特大型工程项目社会稳定风险的关键主体

一、定量分析指标

本研究需要对特大型工程项目"利益相关者 - 社会稳定风险因素"
2 - 模网络以及转化后得到的利益相关者关系 1 - 模网络进行相关指标
的测度，主要包括了网络密度、中心性分析以及结构洞的测量等。

1. 网络密度

网络密度表示的是网络中实际存在的关系总数除以理论上最多可能存在的关系综述，密度越大，表明网络成员之间的关系越密切。其计算公式为：

$$D = \frac{M}{N(N-1)} \qquad （式3-1）$$

其中，M 表示网络中实际存在的关系总数，N 表示网络中的节点数目。

2. 中心性测量

社会网络分析中的中心性分析一般包括了度数中心度、接近中心度以及中间中心度三种。

（1）度数中心度（Degree）。在 2 - 模网络中，度数中心度等于一个行动者所包含的事件数目或者一个事件所隶属的行动者数目。一个行动者的度数中心度等于 2 - 模数据矩阵中该行数值总和，一个事件的度数中心度等于 2 - 模数据矩阵中该列数值总和。

（2）接近中心度（Closeness）。在 1 - 模网络中，接近中心度等于该点到其他点距离之和。但在 2 - 模网络中，行动者与另一行动者的联系必定要经过行动者所包含的各个事件，一个事件与另一事件的联系必定要经过事件所隶属的各个行动者。因此，在 2 - 模网络中，一个行动者 A 的接近中心度是该行动者所包含的事件到其他行动者和事件的最短距离的一个函数：

$$C_A = \left[1 + \frac{\sum_{j=1}^{g+h} \min_k d(k,j)}{g+h-1} \right]^{-1} \qquad （式3-2）$$

其中，g 是行动者个数，h 是事件个数，事件 k 与行动者 i 邻接。

同理可得到一个事件 a 的接近中心度计算公式为：

$$C_a = \left[1 + \frac{\sum_{i=1}^{g+h} \min_j d(i,j)}{g+h-1} \right]^{-1} \qquad （式3-3）$$

从式3-2与式3-3可看出，在一个2-模网络中，某一行动者A的接近中心度与某一事件a的接近中心度之间存在着联系。

（3）中间中心度（Betweenness）。在一个2-模网络中计算某个行动者A的中间中心度，需要考虑该行动者所包含的所有事件。行动者A位于属于该行动者的所有事件的捷径上，给定一对事件（a，b）仅仅共同属于一个行动者A，则A的中间中心度增加1。如果给定一对事件（a，b）共同属于X个行动者，则对于A的任意一对事件（a，b）来说，A的中间中心度增加1/X。因此，行动者A的中间中心度可以表示为其每对事件所共享的行动者的数目，即为$\frac{1}{2}\sum_{a,b \in A}\frac{1}{X}$。可以看出，对于某一行动者而言，只有该行动者的每对事件在该行动者中相遇时，该行动者才会具有中间中心度。如果一个行动者仅是一个事件的唯一主体，则该行动者具有g+h-2个中间点，该行动者将获得1/X个单位的中间中心度。

3. 结构洞测量

对于1-模网络的结构洞测量，本书采用Burt给出的结构洞指数，包括了有效规模（Effective Size）、效率（Efficiency）、限制度（Constraint）、等级度（Hierarchy）。

（1）有效规模。一个节点的有效规模指网络种的非冗余因素，可以用该节点的个体网规模减去网络的冗余度来进行测算。节点i有效规模ES_i的计算公式为：

$$ES_i = \sum_j \left(1 - \sum_q p_{iq} m_{jq} \right), q \neq i,j \qquad （式3-4）$$

其中，j表示与i相邻的所有点，q是除了i与j之外的所有第三者，$p_{iq} m_{jq}$表示i和j之间的冗余度，p_{iq}表示i的全部关系中投入到q的关系占总关系的比例，m_{jq} 表示 j 到 q 的关系的边际强度，等于 j 到 q 的关系值除以 j 到其他节点关系值的最大值。在二值网络中，p_{iq} 等于常数 1/N，因此可以简化为 $ES_i = N - \dfrac{1}{N} \sum\limits_{j} \sum\limits_{q} m_{jq}, q \neq i, j$。

（2）效率。效率在结构洞测量中属于比较简单的概率，等于该节点的有效规模除以该节点在个体网络中的实际规模。

（3）限制度。一个节点的限制度指此节点在网络中多大程度上拥有运营结构洞的能力或者协商的能力。节点 i 受到节点 j 的限制度 C_{ij} 的计算公式为：

$$C_{ij} = \left(p_{ij} + \sum_{q} p_{iq}\, p_{qj} \right)^2 \qquad （式 3 - 5）$$

（4）等级度。等级度指限制性在多大程度上围绕着一个节点展开，或者说集中在一个节点上。节点 i 在网络中的等级度计算公式为：

$$H = \dfrac{\sum\limits_{j} \left(\dfrac{C_{ij}}{C/N} \right) \ln\left(\dfrac{C_{ij}}{C/N} \right)}{n \ln N} \qquad （式 3 - 6）$$

二、利益相关者与社会稳定风险因素关系强度分析

特大型工程项目"利益相关者 - 社会稳定风险因素"二部图表示出了利益相关者与社会稳定风险因素之间的关系，为了更好地观察节点相互之间的影响力，可依据各节点度的大小以及关联度对在 Ucinet 中重新作图，得到基于节点度大小的特大型工程项目"利益相关者 - 社会稳定风险因素"2 - 模网络，如图 3 - 4 所示。基于节点度大小的特大型工程项目"利益相关者 - 社会稳定风险因素"2 - 模网络包含了 34 个节点和 218 条连线。图 3 - 4 中节点的大小表示节点度的大小，连接两个节点的连线表示两者之间存在着影响关系，连线的粗细表示两者影响程度的大小。网络中心是那些具有更多联系的节点，而具有较少联系的

节点分布在网络的边界。从图 3-4 可看出，所有的节点都是相互关联的，反映出特大型工程项目的利益相关者与社会稳定风险因素之间具有非常复杂的联系。我们通过计算网络密度和凝聚力来定量表示网络的整体情况。通过 Ucinet 对特大型工程项目"利益相关者-社会稳定风险因素"2-模网络的网络密度与凝聚力进行计算，得到的结果分别为0.7569 和 0.194，表明网络较为密集，节点较为集中。

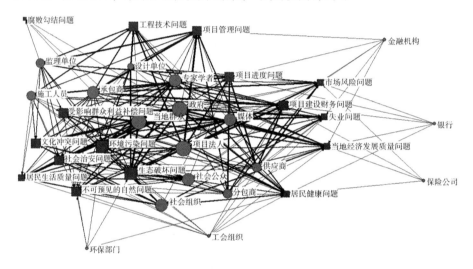

图 3-4　基于节点度大小的"利益相关者-社会稳定风险因素"2-模网络

为了更加清楚地表示网络中各节点的影响力，本书对广东某重大水利枢纽工程"利益相关者-社会稳定风险因素"2-模网络进行了节点度的测量。在 2-模网络中，节点分为主节点集与子节点集，因此度的测量也分为主节点的度与子节点的度，在特大型工程项目"利益相关者-社会稳定风险因素"2-模网络中，主节点集是利益相关者集合，子节点集是社会稳定风险因素集合。表 3-7 显示了广东某重大水利枢纽工程"利益相关者-社会稳定风险因素"2-模网络度的总体情况。可以看出，主节点度平均值为 174.056，最小值为 4，最大值为 406，说明平均每个利益相关者在 46 份调查问卷中与 174.056 个次的社会稳定风险因素有联系，最多的一个利益相关者与 406 个次的社会稳定风险因素有联系，最少的一个利益相关者只与 4 个次的社会稳定风险因素有联系。子节点度平均值为 195.813，最小值为 4，最大值为 299，说明平均每个社会稳定风险因素在 46 份问卷调查中与之联系的利益相关者有 195.813 个次，最多的一个社会稳定风险因素与 299 个次利益相关者有联系，最少的一个社会稳定风险只与 4 个次利益相关者有联系。

表 3 - 7　广东某重大水利枢纽工程"利益相关者 - 社会

稳定风险因素" 2 - 模网络度的总体情况

节点集	主节点	子节点
平均值	174.056	195.813
标准差	129.303	67.316
最小值	4	4
最大值	406	299

进一步对广东某重大水利枢纽工程"利益相关者 - 社会稳定风险因素" 2 - 模网络的各个节点的度进行测量，如表 3 - 8 所示。

表 3 - 8　广东某重大水利枢纽工程"利益相关者 - 社会

稳定风险因素" 2 - 模网络度的测量

主节点	度数中心度	接近中心度	中间中心度	子节点	度数中心度	接近中心度	中间中心度
政府	406	66.000	4.037	环境污染问题	299	48.606	2.973
项目法人	381	61.936	3.788	生态破坏问题	298	48.443	2.963
当地群众	355	57.709	3.530	项目进度问题	242	39.340	2.406
承包商	273	44.379	2.715	受影响群众的利益补偿问题	226	36.739	2.247
专家学者	230	37.389	2.287				

续表

主节点	度数中心度	接近中心度	中间中心度	子节点	度数中心度	接近中心度	中间中心度
媒体	222	36.089	2.207	文化冲突问题	226	36.739	2.247
社会组织	217	35.276	2.158	社会治安问题	220	35.764	2.188
社会公众	204	33.163	2.028	项目建设财务问题	213	34.626	2.118
监理单位	175	28.448	1.740	项目管理问题	199	32.350	1.979
设计单位	171	27.798	1.700	不可预见自然问题	196	31.862	1.949
分包商	170	27.635	1.690	工程技术问题	186	30.236	1.849
供应商	146	23.734	1.452	居民生活质量问题	172	27.961	1.710
施工人员	131	21.296	1.303	失业问题	171	27.798	1.700
工会组织	26	4.227	0.259	当地经济发展质量问题	171	27.798	1.700
环保部门	9	1.463	0.089				
金融机构	8	1.300	0.080	居民健康问题	158	25.685	1.571
银行	5	0.813	0.050	市场风险问题	152	24.709	1.511
保险公司	4	0.650	0.040	腐败勾结问题	4	0.650	0.040

由表 3-4、表 3-5、表 3-6 可知，对于利益相关者而言，政府、项目法人、当地群众与绝大多数社会稳定风险因素相关，并且在所有调查问卷中出现频次最高，而承包商、专家学者、媒体、社会组织、社会公众与大部分的社会稳定风险因素相关，在所有调查问卷中出现频次也较高，因此这些被认为是主要的利益相关者。其他的例如监理单位、设计单位、分包商等虽然也是特大型工程项目的利益相关者，但与之相关的社会稳定风险因素不多，并且他们的度也小于主节点集度的平均值，

因此在后文中将不考虑这些利益相关者。对于社会稳定风险而言，环境污染问题、生态破坏问题、项目进度问题、受影响群众的利益补偿问题、文化冲突问题、社会治安问题、项目建设财务问题、项目管理问题、不可预见的自然问题、工程技术问题的度相对较高，与之密切相关的利益相关者相对较多，而且在所有问卷中出现的频次也较高，因此这些社会稳定风险因素被认为是主要的社会稳定风险因素。其他的例如居民生活质量问题、失业问题等因素与之相关的利益相关者不多，而且度也小于子节点集的平均值，因此在后文中将不考虑这些社会稳定风险因素。其实这样的结论也可以在图3-4中得到一定的体现，政府、项目法人、当地群众等利益相关者节点较大而且处于网络的中心，保险公司、银行、金融机构等利益相关者节点较小且处于网络的边缘，相关的社会稳定风险因素也呈现相似的情况，这些都直观地表现了所做出的结论。

三、关键主体分析

依据上一节的分析，将监理单位、设计单位、分包商、供应商、施工人员、工会组织、环保部门、金融机构、银行、保险公司等影响较小的利益相关者以及居民生活质量、失业问题、当地经济发展质量问题、居民健康问题、市场风险问题、腐败勾结问题等影响较小的社会稳定风险因素剔除，在表3-6的基础上得到新的广东某重大水利枢纽工程"利益相关者-社会稳定风险因素"2-模数据矩阵，并基于最小值方法转化得到广东某重大水利枢纽工程社会稳定风险的利益相关者关系1-模数据矩阵，并将数据矩阵输入Ucinet中，基于节点度的大小将广东某重大水利枢纽工程社会稳定风险的利益相关者关系网络可视化，得到广东某重大水利枢纽工程社会稳定风险的利益相关者关系网络，如图3-5所示。

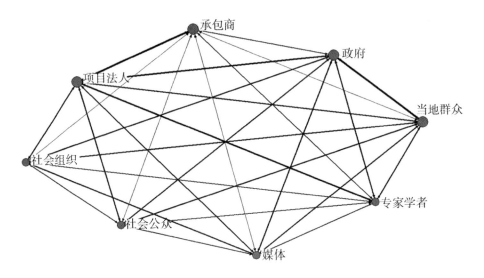

图3-5 广东某重大水利枢纽工程社会稳定风险的利益相关者关系网络

对广东某重大水利枢纽工程社会稳定风险的利益相关者关系网络进行 Burt 结构洞测量，分别得到利益相关者关系网络的冗余矩阵、限制度矩阵及四个结构洞指数，分别如表3-9、表3-10、表3-11所示。

表3-9 广东某重大水利枢纽工程社会稳定风险的利益相关者冗余矩阵

	政府	项目法人	承包商	当地群众	专家学者	社会公众	媒体	社会组织
政府	0.00	0.63	0.49	0.50	0.66	0.78	0.77	0.79
项目法人	0.57	0.00	0.37	0.55	0.62	0.76	0.76	0.77
承包商	0.65	0.55	0.00	0.64	0.69	0.85	0.83	0.85
当地群众	0.53	0.65	0.51	0.00	0.68	0.78	0.78	0.79
专家学者	0.60	0.63	0.47	0.59	0.00	0.78	0.79	0.80
社会公众	0.62	0.67	0.50	0.58	0.68	0.00	0.78	0.79
媒体	0.61	0.67	0.49	0.58	0.68	0.78	0.00	0.78
社会组织	0.62	0.67	0.50	0.58	0.68	0.77	0.76	0.00

冗余矩阵表示了列所在的行动者相对于行所在的行动者来说在多大程度上是冗余的。数值越大，表明该值所在列的利益相关者对于该值所在行的利益相关者来说越是一个多余的利益相关者。例如表 3-9 中，第一行最大值为 0.79，说明对于政府来言，社会组织是最冗余的；第二行最大值为 0.77，说明对于项目法人而言，社会组织也是最冗余的。对于整个广东某重大水利枢纽工程社会稳定风险的利益相关者冗余矩阵来说，社会组织、媒体、专家学者的冗余度较大，其在广东某重大水利枢纽工程社会稳定风险利益相关者关系网络中相对比较冗余，而政府、项目法人、当地群众以及承包商冗余度较小，表明其在化解特大型工程项目社会稳定风险中有着比较关键的作用。

表 3-10　广东某重大水利枢纽工程社会稳定风险的利益相关者限制度矩阵

	政府	项目法人	承包商	当地群众	专家学者	社会公众	媒体	社会组织
政府	0.00	0.10	0.04	0.10	0.07	0.05	0.05	0.05
项目法人	0.09	0.00	0.07	0.08	0.08	0.05	0.05	0.05
承包商	0.08	0.15	0.00	0.06	0.08	0.05	0.05	0.05
当地群众	0.12	0.09	0.04	0.00	0.07	0.06	0.06	0.06
专家学者	0.09	0.11	0.05	0.08	0.00	0.06	0.06	0.06
社会公众	0.09	0.09	0.04	0.09	0.07	0.00	0.06	0.07
媒体	0.09	0.09	0.04	0.08	0.07	0.06	0.00	0.07
社会组织	0.09	0.09	0.04	0.08	0.07	0.07	0.07	0.00

限制度矩阵表示了行所在的行动者在多大程度上受到该行动者所在网络中其他成员的限制。数值越大，表明该值所在列的利益相关者对于该值所在行的利益相关者的限制力越大。如表3-10所示，第一行最大值为0.10，说明对于政府而言，其受到项目法人、当地群众的限制力最大；第二行最大值为0.09，说明对于项目法人而言，其受到政府的限制力最大，而受社会公众、媒体以及社会组织的限制力较小。对于整个网络的限制度分析将在随后的结构洞指数分析中给出。

表3-11　广东某重大水利枢纽工程社会稳定风险的利益相关者关系网络结构洞指数

	有效规模	效率	总限制度	等级度
政府	2.388	0.353	0.469	0.035
项目法人	2.608	0.373	0.475	0.032
承包商	1.932	0.276	0.526	0.024
当地群众	2.293	0.349	0.498	0.029
专家学者	2.338	0.334	0.501	0.019
社会公众	2.389	0.341	0.508	0.017
媒体	2.406	0.344	0.507	0.016
社会组织	2.416	0.345	0.508	0.017

表3-11给出了四种结构洞指数。第一列给出了各个利益相关者的有效规模，有效规模越大，该利益相关者在所在网络中的行动越自由。从表中第一列可以看出项目法人、社会组织、媒体的有效规模较大，说明其行动自由度相对较大。但是，由于社会网络中每个节点的个体网络规模的不同，有效规模指标的解释往往不具有可比性，此时需要分析相对有效规模，即表中第二列的效率。效率越大，说明该利益相关者在整

个网络中的行动越高效。从表中第二列可以看出除了承包商的效率较低之外，其余几类利益相关者的效率差别不大，其中项目法人、政府、当地群众相对较高，说明这三类主体在一旦发生特大型工程项目的社会稳定风险时反应比较迅速。表中第三列表明了各利益相关者在整个网络中的总限制度，政府与项目法人的总限制度较低，而承包商、社会公众、媒体、社会组织的总限制度较高，这也与实际情况比较相符。一般来说，在特大型工程项目的社会稳定风险管理中，主要是由政府及项目法人主导，受到其他利益相关者的限制相对较小，而其他几类利益相关者主要处于被管理地位，因此受到的限制相对较大。表中第四列表示各利益相关者在网络中的等级度，等级度越高说明该利益相关者越处于网络的核心地位。可以看出，政府、项目法人、当地群众的等级度最高，居于网络的中心，而社会公众、媒体及社会组织等级度相对较低，处于网络的边缘。

通过以上对广东某重大水利枢纽工程为例进行的案例分析，可以发现政府、项目法人、当地群众不但处于特大型工程项目社会稳定风险的利益相关者关系网络的核心，而且其总限制度较低，行动效率较高，说明其在特大型工程项目社会稳定风险管理过程中起着比较重要的作用。此外，社会公众、媒体以及社会组织的行动效率相对居中，说明在特大型工程项目社会稳定风险过程中，其反应相对迅速，有一定的诉求表达，但总限制度较高，等级度较低，说明其诉求有时无法得到有效的回应。这可能的原因在于其内部复杂，利益诉求虽然容易提出但难以形成一致性，从而降低了影响力。因此，本书认为政府、项目法人、当地群众为特大型工程项目社会稳定风险的关键主体。

第四节　本章小结

本章是基于社会网络分析方法对特大型工程项目社会稳定风险的关键主体进行界定。首先，基于前文分析及文献梳理初步识别了特大型工程项目的利益相关者及社会稳定风险因素；其次，设计调查问卷并以广东某重大水利枢纽工程为例，搜集整理得到特大型工程项目"利益相关者－社会稳定风险"2－模数据矩阵；然后，基于相关定量测度指标测算利益相关者与社会稳定风险因素的关系强度，剔除调查问卷中影响相对较小的利益相关者与社会稳定风险因素；最后，采用最小值方法将特大型工程项目"利益相关者－社会稳定风险因素"2－模数据转化得到利益相关者关系1－模数据，并进行网络可视化，随后进行结构洞测量，分析各利益相关者的角色与地位，确定了政府、项目法人、当地群众为处于核心地位的关键主体。

第四章

特大型工程项目的多元主体冲突放大过程研究

在风险的社会放大框架下，信息传播机制与社会反应机制是在社会放大站与个体放大站的作用下对风险信息的放大或弱化，各主体对风险信息或风险事件进行加工、整理、反馈以及行动，最终表现在各主体之间的博弈。特大型工程项目社会稳定风险的形成就是来源于此，由于政府、项目法人、当地群众等主体之间的冲突，在风险的社会放大框架下被放大与扩散，从而造成引发社会失稳的群体性事件，形成社会稳定风险。因此，本章主要从主体博弈视角来研究特大型工程项目多元主体冲突如何放大。首先对三大关键主体之间的关系进行分析，进而构建演化博弈模型，分析不同情景下演化博弈结果，并进一步利用 Netlogo 仿真平台在复杂网络上进行仿真研究，探讨复杂网络环境下主体演化博弈的结果。

第一节　特大型工程项目关键主体间关系分析

一、政府与项目法人之间的关系研究

在政府与项目法人之间，项目法人承担着减少项目的负面影响、实

际解决群众利益诉求、保障项目顺利进行的任务，但由于监督及激励机制的不完善，项目法人作为主体也有自己的利益要求，以及"政府兜底"现象的存在，项目法人并不一定会付出十分的努力去解决受影响群众的利益诉求，在一定程度上容易出现不作为现象，而在此过程中政府并不能直接地观测到项目法人对于处理群众利益诉求的努力程度，这在委托代理理论里面属于隐匿行动的道德风险问题。若这种隐匿行动的道德风险问题不能得到妥善解决，当地群众的不满情绪将会日益增加，政府不得不介入，从而放大特大型工程项目相关主体之间的冲突，引发社会矛盾，进而形成社会稳定风险。本书就以政府与项目法人之间的这种道德风险问题为例，构建政府与项目法人之间的道德风险模型，分析两者在特大型工程项目多元主体冲突过程中的关系。

1. 道德风险模型构建

对于委托人政府来说，其将特大型工程项目社会稳定风险管理委托给代理人项目法人。政府的目标是在推动项目建设的过程中尽量控制项目所在地群众的暴力抗争，避免社会冲突引发社会失稳，推动地方发展以及维护自身政绩。因此，政府希望项目法人努力处理特大型工程项目建设过程中群众的利益诉求，争取将群众不满情绪控制在最低水平。假设政府的效用函数为 v（R），政府的效用只与妥善解决群众利益诉求所获得的净效益 R 相关，主要包括了妥善解决群众利益诉求、维护社会安稳所带来的政绩体现。假设政府没有办法直接了解项目法人的努力程度，只能看出项目法人妥善解决表达利益诉求的当地群众数量，令 x 为妥善解决的当地群众数，x 同时与自然状态 θ 及项目法人的努力程度有关。假设 $x = a + \theta$，其中 a 为代表项目法人努力水平的一维变量，θ 是均值为 0、方差为 σ^2 的正态分布随机变量，代表不受委托人政府与代理人项目法人控制的外生不确定性因素。此时有 $E(x) = E(a + \theta) = a$，$var(x) = \sigma^2$，表明代理人项目法人的努力水平决定最终妥善解决群众的数量，但不影响其方差。令 m 为妥善解决群众诉求的边际效益，则 $\pi = mx$ 为妥善解决 x 数量的群众给政府所带来的效益。假设作为委托人的政府是风险中性的，因此假设政府与给项目法人的激励合同为 $s(x) = \alpha + \beta mx$，α 为项目法人的固定收入（与 mx 无关），β 为项目法人的效益分享份额，即效益 mx 每增加一个单位，项目法人的报酬增加 β 单位。因此，委托人政府的期望效用等于期望收入：

$$Ev(R) = E(R) = E(mx - \alpha - \beta mx)$$

$$= -\alpha + E(1 - \beta)mx = -\alpha + (1 - \beta)ma \quad （式4-1）$$

对于代理人项目法人来说，其在接受处理受影响群众的利益诉求任务之后是否努力，政府是不能直接了解到的，项目法人往往会夸大自己的努力程度来获取更多的利益，因此政府需要设计合理的契约对项目法人的努力程度进行甄别。假设项目法人的努力成本 $c(a)$ 可以等价于货币成本，进一步简化为 $c(a) = b\,a^2/2$，$b > 0$ 代表成本系数，b 越大，同样的努力程度 a 带来的负效用越大。因此，代理人项目法人的实际净收入为：

$$w = s(x) - c(a) = \alpha + \beta m(a + \theta) - \frac{b}{2}a^2 \quad （式4-2）$$

假定代理人项目法人是风险规避的，其效用函数具有不变绝对风险规避特征，即 $u = -e^{-\rho w}$，其中 ρ 表示绝对风险规避度量。则其确定性等价收入为：

$$CE = E(w) - \frac{1}{2}\rho \beta^2 \sigma^2 = \alpha + \beta ma - \frac{b}{2}a^2 - \frac{1}{2}\rho \beta^2 \sigma^2$$

$$（式4-3）$$

其中，$E(w)$ 为项目法人的期望收入，$\rho \beta^2 \sigma^2/2$ 为项目法人的风险成本。

本书采用分布函数的参数化方法进行模型构建。即将自然状态 θ 的分布函数转换为结果 x 和 π 的分布函数，给定 θ 的分布函数 $G(\theta)$，对应每一个 a，存在一个 x 和 π 的分布函数，这个新的分布函数通过技术关系 $x(a,\theta)$ 和 $\pi(a,\theta)$ 从原分布函数 $G(\theta)$ 导出。$F(x,\pi,a)$ 与 $f(x,\pi,a)$ 分别表示所导出的分布函数和对应的密度函数。因此，委托人的问题可以表述如下：

$$\max_{a,s(x)} \int v(\pi - s(x)) f(x,\pi,a) dx \qquad (式4-4)$$

$$\text{s.t.} \ (IR) \int u(s(x)) f(x,\pi,a) dx - c(a) \geq \bar{w} \qquad (式4-5)$$

$$(IC) \int u(s(x)) f(x,\pi,a) dx - c(a) \geq \int u(s(x)) f(x,\pi,a') dx - c(a')$$

$$(式4-6)$$

其中，IR 表示参与约束，即项目法人从接受激励合同中得到的期望效用不能小于不接受激励合同时所能得到的最大期望效用，"不接受激励合同时所能得到的最大期望效用"由其面临的其他选择决定，称之为保留效用，记为 $\bar{w}$。IC 表示激励相容约束，即在任何的激励合同下，代理人项目法人总是选择使自己的期望效用最大化的努力水平 a，也即只有当代理人项目法人从选择努力水平 a 中得到的期望效用大于选择 a'（$\forall a' \in A$ 是代理人项目法人可以选择的任意努力水平）中得到的期望效用时，项目法人才会选择 a。

2. 道德风险模型结果分析

将 $s(x)$、$c(a)$ 等以求得的方程代入上述表述中，式4-4 可以转化为：

$$\max_{\alpha,\beta,a} Ev(R) = -\alpha + (1-\beta) ma \qquad (式4-7)$$

式4-5 可以转化得到代理人项目法人的参与约束，表示为：

$$(IR) \ \alpha + \beta ma - \frac{b}{2} a^2 - \frac{1}{2} \rho \beta^2 \sigma^2 \geq \bar{w} \qquad (式4-8)$$

对于激励相容约束来说，理性的代理人总是会在委托人给定 α 和 β 的情况下使自身效用得到最大化。因此，求式 4 - 3 的一阶条件可以得到激励相容约束：

$$(\text{IC}) \ a = \beta m / b \qquad\qquad (\text{式}4-9)$$

在最优情况下，参与约束式 4 - 8 的等式成立，这是因为委托人政府没有必要支付代理人项目法人更多，因此，式 4 - 8 可转化为：

$$\alpha = \bar{w} - \frac{\beta^2 m^2}{2b} + \frac{1}{2}\rho \beta^2 \sigma^2 \qquad\qquad (\text{式}4-10)$$

因此将式 4 - 9 与式 4 - 10 代入式 4 - 7 可以得到目标函数：

$$\max_{\beta} - \bar{w} - \frac{\beta^2 m^2}{2b} - \frac{1}{2}\rho \beta^2 \sigma^2 + \frac{\beta m^2}{b} \qquad\qquad (\text{式}4-11)$$

其一阶条件为：$-\rho\beta\sigma^2 - \frac{\beta m^2}{b} + \frac{m^2}{b} = 0$，可解得项目法人最优的效益分享份额为：

$$\beta = \frac{m^2}{b\rho \sigma^2 + m^2}$$

代入式 4 - 9 与式 4 - 10 可得到代理人项目法人的最优努力水平与最优固定收入为：

$$a = \frac{m^3}{b(b\rho \sigma^2 + m^2)}$$

$$\alpha = \bar{w} - \frac{m^4(m^2 - b\rho \sigma^2)}{2b(b\rho \sigma^2 + m^2)^2}$$

在特大型工程项目主体冲突放大过程中，委托人政府的目标是确定代理人项目法人的最优固定收入 α 及最优效益分享份额 β，以激励项目法人选择最优努力水平 a；而代理人项目法人的目标是在固定收入及效益分享份额确定的条件下来选择自身的最优努力水平，以获得最大的确定性等价收入。由于 $b > 0$、$\rho > 0$、$\sigma^2 > 0$，且在特定的环境下 b、ρ、σ^2 都为固定的值，因此假设 $q = b\rho\sigma^2 > 0$ 是一个常数，利用 MATLAB 对上述三个函数进行绘图，分别如图 4-1、图 4-2、图 4-3 所示。

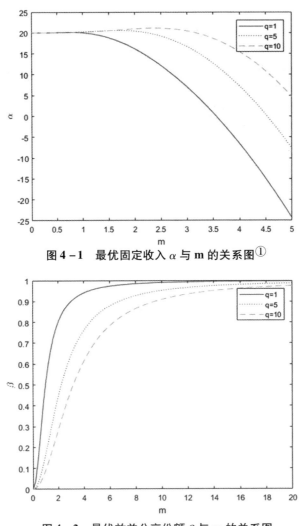

图 4-1 最优固定收入 α 与 m 的关系图[①]

图 4-2 最优效益分享份额 β 与 m 的关系图

① 图 4-1 中假设项目法人的保留效用 $\bar{w} = 20$。

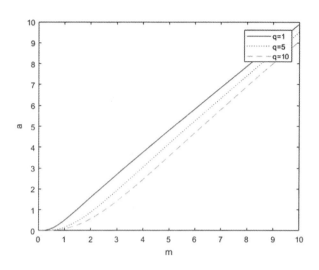

图 4 - 3 最优努力水平 a 与 m 的关系图

从图 4 - 1 可以看出，当妥善解决群众诉求的边际效益 m = 0 时，项目法人的最优固定收入等于其保留效用；随着妥善解决群众诉求的边际效益 m 的增大，最优固定收入先增加后降低，且增加的速率明显小于降低的速率。另外，q 值越大（即成本系数 b、绝对风险规避度量 ρ、方差 σ^2 越大），最优固定收入越大。

从图 4 - 2 可以看出，随着妥善解决群众诉求的边际效益 m 的增大，最优效益分享份额 β 不断增加，但增加的幅度越来越低，最后曲线趋于平缓。曲线拐点出现的位置与 q 值相关，q 值越大，拐点出现越晚。在拐点之前，最优效益分享份额 β 变化率非常大，说明此时提高 β 对代理人项目法人的激励效果非常显著，而在拐点之后的激励效果并不明显。

从图 4 - 2 还可看出，最优效益分享份额 β 是恒大于 0 的，说明委托人政府只有将获得的收益与代理人项目法人分成才有可能获得最大的期望收入。最优效益分享份额的大小与成本系数 b、绝对风险规避度量

ρ、方差 σ^2 负相关（b、ρ、σ^2 越大，则 q 越大，则 β 越小），成本系数和绝对风险规避度量越大，则最优效益分享份额越低；方差越大表明不确定性越大，即项目法人努力的程度与获得的收益相关度越低，项目法人越不愿意努力工作，最优效益分享份额越低。β 同时也表示了项目法人承担风险的比例，即成本系数 b、绝对风险规避度量 ρ、方差 σ^2 越大，项目法人承担风险的意愿也越低。另一方面 q 越大，β 越小也说明了对于成本系数大、绝对风险规避度量高和方差大的代理人来说，给予较小的最优效益分享份额即可。

从图 4-3 可知，代理人项目法人的最优努力水平 a 与妥善解决群众诉求的边际效益 m 正相关，而且 q 值越小，项目法人的最优努力水平 a 的增加幅度越大，这说明更愿意提高努力水平的代理人是那些成本系数小、绝对风险规避度量低和方差小的人，以期获得更多的收益。因此，若项目法人对于妥善解决群众诉求的难度大、成本高，则政府给予的激励效果不会太明显，当妥善解决群众诉求的难度与成本都较低时，政府给予的激励效果会非常明显，也说明政府应当尽量采取措施降低妥善解决群众诉求的难度与成本，以提高项目法人努力解决受影响群众利益诉求的积极性。

二、项目法人与当地群众之间的关系研究

项目法人在特大型工程项目实施过程中受政府的指导，会对受影响群众给予一定的利益补偿，当地群众的受影响程度不同，利益补偿额度也将不同。此时项目法人就需要核实各受影响群众的真实信息，以保证其利益诉求的合理性，并惩罚"不诚实"的部分群众。但由于核查的难度，并不能完全识别，因此会存在少量未受影响当地群众虚报信息谋求利益补偿或确实受到影响但夸大自身利益损失以谋求更多的利益补偿，而且不惜以怂恿、煽动当地群众暴力抗争的形式来达到自己的目

的。这就构成了项目法人与当地群众之间的一种逆向选择问题。若这种逆向选择问题不能得到妥善解决，同样会放大主体之间的冲突，引发社会稳定风险。因此，本书就以项目法人与当地群众之间的逆向选择问题为例，通过构建一个信号传递模型来分析两者在特大型工程项目多元主体冲突放大过程中的关系。

1. 信号传递模型构建

Myerson（1979）的显示原理指出任何一个机制所能达到的配置结果都可以通过一个说实话的直接机制来实现。找到一个说实话的直接机制被认为是解决逆向选择问题的关键所在，包括了信号传递、声誉等不同类型的方法，其中信号传递模型常被用来解决劳动力市场中的逆向选择问题。本书认为，特大型工程项目主体冲突放大的逆向选择问题与劳动力市场中的逆向选择问题类似，项目法人相当于雇主，受影响程度不同的当地群众相当于不同工作能力的雇员，项目法人在解决当地群众利益补偿的问题时无法直接了解到其利益受损的真实程度。因此，本书借用信号传递模型来研究特大型工程项目的项目法人与当地群众之间的逆向选择问题。

在特大型工程项目建设过程中，当地群众的受影响程度不同，所获得的利益补偿也应当不同。在项目法人考虑项目所在地群众的利益补偿时，对于未提出额外申请的当地群众来说一般按规定给予利益补偿 Ra ，而某些受影响较大的当地群众可提出额外申请以获得更高的利益补偿 Re ，$Ra < Re$ 。在争取利益补偿过程中就会形成两种类型的当地群众，一是真实反映自身利益损失的当地群众，另一类是谎报利益损失的当地群众，谎报者为了获取额外利益补偿会提高虚假信息，而项目法人无法对其所提供的信息进行核查或者因核查成本过高而无法进行，因此存在着信息不对称现象。在给予当地群众利益补偿的过程中，由于利益补偿会有一个总的控制线，因此可以认为其是稀缺的，若谎报利益损失

的当地群众申请了额外利益补偿，则会将部分实际利益损失较大的当地群众挤出。

为了有效辨别出"不诚实"的当地群众，需要选择一个合适的信号。在信号传递模型中，选择合适的信号是至关重要的，也是非常困难的。一个合适的有效信号需要满足信号本身是真实且可被观测、信号传递具有一定成本、不同类型的主体传递信号的成本不一致等要求。本书结合特大型工程项目的特点以及其所引发的主体冲突行为，以当地群众参与特大型工程项目建设的相关社会活动时间（t）作为信号（只有参与这类型的活动才能提出额外利益补偿的申请）为例进行分析。这个活动时间指受影响群众根据自身实际情况为推动特大型工程项目建设、获得相应利益补偿而做出的相应劳动，包括为特大型工程项目宣传、参与调解政府/项目法人与当地群众的矛盾等活动。假设谎报利益损失的当地群众参与此类社会活动的单位成本为 m，真实反映自身利益损失的当地群众参与此类社会活动的单位成本为 n。对于谎报利益损失的当地群众来说，让其主动参与此类社会活动的意愿会比较低，而且其为了获得额外利益补偿需要造假其他相关材料，参与此类社会活动会影响其他行动，因此其参与此类社会活动的机会成本较真实反映自身利益损失的当地群众高，即有 $m > n$。参与此类社会活动是可以被直接观测到的，而且需要付出一定成本，对于不同类型当地群众来说付出成本还不尽相同，因此完全满足有效信号的条件。

假设项目法人要求提出额外利益补偿申请的当地群众需要参加上述社会活动 t_o 小时，只有提供了大于 t_o 小时的当地群众才可以提出申请，获得利益补偿 R_e，而未达到 t_o 小时的当地群众只能获得利益补偿 R_a。对于谎报利益损失的当地群众来说，其信号传递成本 $C_1 = m t_o$；对于真实反映自身利益损失的当地群众来说，其信号传递成本 $C_2 = n t_o$。对于当地群众来说，若信号传递成本小于提出额外申请所获得的利益补偿减去正常获得的利益补偿之差，即 $C < R_e - R_a$ 时，当地群众会接受提供上述社会活动的要求，申请额外利益补偿，反之则会放弃额外利益补偿申请。类似于 Spence 劳动力市场模型中的信息反馈机制，特大型工程项目项目法人与当地群众信号传递模型中，项目法人首先规定的社会活动时间 t_o 并不一定是最优的，随着时间的推移，发现有谎报利益损失的当地群众进入，则会进一步提高社会活动时间，改变信号传递成本，如此循环下去，直至实现分离均衡。

2. 混同均衡与分离均衡

混同均衡与分离均衡是最终均衡的两种不同状态。在逆向选择问题中，混同均衡指的是不同类型的代理人最终会选择一样的最优水平信号，而此时委托人无法利用该信号来识别出不同类型的代理人；而分离均衡指的是不同类型的代理人最终选择的信号的最优水平是不一样的，委托人可以通过该信号来识别出不同类型的代理人。在特大型工程项目主体冲突放大的逆向选择问题中，混同均衡指的是代理人当地群众中的两种类型最终都会选择接受社会活动或者都不会接受社会活动，此时委托人项目法人就无法从是否接受社会活动来识别两种不同类型的当地群众；分离均衡指的是代理人当地群众中的两种类型会根据自身实际情况来选择是否接受社会活动，真实反映自身利益损失的当地群众会选择接受，而谎报利益损失的当地群众不会接受社会活动从而推出额外利益补偿申请，如此委托人项目法人就可以识别出两种不同类型的当地群众。可以用图来形象地表示出混同均衡与分类均衡的不同状态，如图 4-4 与图 4-5 所示。

图 4-4 显示了特大型工程项目主体冲突放大逆向选择问题中两种不同类型当地群众信号传递的混同均衡状态的两种情况。若 $C_1 < C$ 且 $C_2 < C$，则真实反映自身利益损失的当地群众与谎报利益损失的当地群众都会选择接受社会活动提出额外利益补偿，造成此种情况的可能原

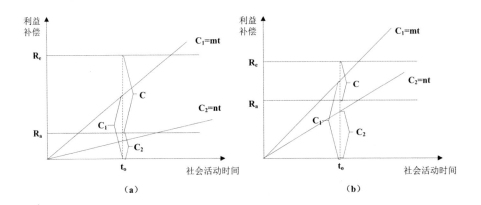

图4-4 两种不同类型当地群众信号传递的混同均衡

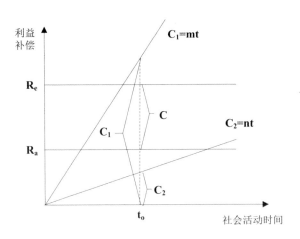

图4-5 两种不同类型当地群众信号传递的分离均衡

因是额外申请所获得的利益补偿减去正常获得的利益补偿之差较大，或者要求当地群众参与此类社会活动时间较少，此时，不管是哪种类型的当地群众都有足够动力去通过参与社会活动提出额外利益补偿申请，如图4-4（a）所示。若$C_1 > C$且$C_2 > C$，则真实反映自身利益损失的当地群众与谎报利益损失的群众都会选择不接受社会活动而不提出额外利益补偿，造成此种情况的可能原因是额外申请所获得的利益补偿减去正常获得的利益补偿之差太小，或者要求当地群众参与此类社会活动时间太多，不管是哪种类型的当地群众都没有动力去通过参与社会活动提出额外利益补偿申请，如图4-4（b）所示。

图4-5显示了特大型工程项目主体冲突放大逆向选择问题中两种不同类型当地群众信号传递的分离均衡状态。此时有 $C_1 > C$ 且 $C_2 < C$，谎报利益损失的当地群众的信号传递成本比额外申请所获得的利益补偿减去正常获得的利益补偿之差要大，因此会选择不接受社会活动而不提出额外利益补偿申请，而真实反映自身利益损失的当地群众的信号传递成本比额外申请所获得的利益补偿减去正常获得的利益补偿之差要小，因此会选择接受社会活动而不提出额外利益补偿申请。由此，委托人项目法人可以由此来区分两种不同类型的当地群众。

由以上分析不难发现，在特大型工程项目项目法人与当地群众的逆向选择问题中，解决的关键在于选择一个合适的信号，可以让项目法人通过不同类型的当地群众对所选择信号的反应来有效地识别出两种不同类型的当地群众。例如本书所选择的以当地群众参与特大型工程项目建设的相关社会活动时间为例，最终影响项目法人是否能有效识别不同类型当地群众（即最终均衡是趋向于混同均衡还是分离均衡）的因素在于额外申请所获得的利益补偿减去正常获得的利益补偿之差、不同类型当地群众参与社会活动的成本以及项目法人规定的社会活动时间等，通过合理的设定利益补偿以及社会活动时间，最终均衡完全可以达到分离均衡，使得项目法人可以有效识别出不同类型的当地群众，将虚报信息谋求更多利益补偿的当地群众剔除，使得利益补偿对于当地群众来说公平公正，从而缓解主体之间的冲突，化解社会矛盾，有效控制社会稳定风险的形成。

三、政府与当地群众之间的关系研究

作为特大型工程项目的决策者，政府一般以追求社会效益最大化为目标，而当地群众首先作为特大型项目建设的受益者，追求的是自身经济利益的最大化，此外也会不同程度地考虑安全、地位、信任等因素，随着社会的发展，人民群众的生活水平逐步提高，也会从单纯追求经济利益向多元价值追求转变。政府与当地群众在特大型工程项目中的角色与地位不同，追求的利益也有所不同，在利益追求无法协调时就会产生主体冲突行为。

以重大水电工程项目建设为例，随着我国经济的快速发展，电力需求日益增长，政府上马建设重大水电工程项目可以缓解用电压力，此外重大水电工程项目还具有防洪、供水、航运等功能，这些都属于政府追求社会效益最大化的表现。但与此同时，重大水电工程项目的建设涉及征地拆迁，而且也会对生态环境造成一定的影响，给项目所在地的当地群众带来负面影响。此时，政府一般会要求当地群众服从大局，舍弃部分个人利益来保证社会集体利益。但是，当地群众中总会有一部分人在观念上坚持个人利益优先，在个人利益无法得到保障的情况下会采取各种方式来阻挠特大型工程项目的建设，引发主体之间的冲突。因此，由于政府在特大型工程项目建设中追求社会效益的最大化，在存在负的外部效应且无法解决公平分担的情况下，部分当地群众会极力抵制，当地群众与政府之间的冲突会愈演愈烈。

对于特大型工程项目中政府与当地群众的冲突，在刚开始的时候，当地群众往往会采取一些较为冷静的方式来维护个人利益，例如从公开的信访信箱、政府网站留言等渠道向政府反映等。但在这一阶段，由于参与的当地群众较少且力量较弱，无法产生引起政府重视的影响力，当地群众意愿得不到有效处理。这样就会使得当地群众积极联络更多的受

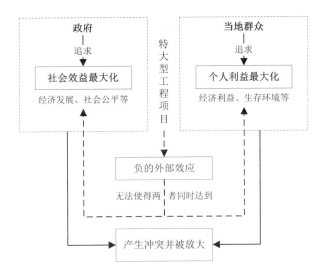

图4-6 特大型工程项目主体冲突中政府与当地群众之间的关系

影响人群参与，并开始采取一些极端手段以期获得新闻媒体的关注，以此迫使政府考虑"维稳"而做出积极回应。"不闹不解决，小闹小解决，大闹大解决"使得当地群众更加倾向于通过采取"闹"的方式来表达诉求，从而使得冲突不断升级，并有可能爆发非法集会、围堵政府机关等暴力抗争行为。在各级政府的"维稳"压力之下，政府开始重视当地群众的诉求，通过与受影响群众的积极协商争取获得当地群众的理解支持。当然，也存在着另外一种可能，即政府在冲突激化后动用行政手段采取刚性压制措施，例如浙江海宁事件中的警民冲突，会使得主体间冲突进一步放大。综上所述，政府与当地群众两者在特大型工程项目多元主体冲突中不同阶段有着不同的选择策略，例如当地群众或是理性协商来表达利益诉求，或是采取暴力抗争等激进手段维护个人利益；政府或是重视当地群众利益诉求而积极协商，或是为维护权威而强硬控制。

在中国，特大型工程项目一般都由政府主导，项目法人承担的是项目筹划、资金筹措、建设实施等具体工作，对于社会稳定风险的控制主要还是在政府相关部门的主导之下。特别是对于群体性事件等社会冲突的处理，牵涉到群众基本利益以及政府的应急管理能力，主要还是政府与当地群众之间的冲突。因此，本书接下来将主要针对政府与当地群众的关系进行进一步的研究，在本节对政府与当地群众之间的关系进行定性分析的基础上，下一节利用演化博弈方法来定量研究两者之间的冲突关系。

第二节　特大型工程项目主体冲突放大演化博弈模型

一、演化博弈的基本框架

传统的博弈理论主要研究个体之间的博弈问题，而演化博弈主要用于研究群体之间的博弈问题。传统的博弈理论经过长时间的实践出现了三大缺陷，即假设缺陷、方法缺陷以及实证缺陷。假设缺陷指的是传统博弈理论的完全理性假设，假定博弈过程中参与人完全了解对手的策略集合及每个策略的使用概率，而且也了解博弈规则与收益结构，但现实中参与人往往是有限理性的；方法缺陷指的是传统博弈论主要关注如何求解博弈的平衡结构，但无法解释参与方是如何趋向于均衡状态的；实证缺陷指的是传统博弈理论往往都是基于理想的假设与精确的数学推导，而没有实证的经验规律来进行验证。而演化博弈认为参与人是有限理性的，而且参与人的选择行为可以依据前人的经验、学习和模仿他人行为、受遗传因素的决定等，而且演化博弈除了关注博弈的稳定结构，还关注稳定结构与演化过程之间的关系。正如前文所说，特大型工程项目社会稳定风险的形成过程在风险的社会放大框架中体现在政府相关部门、项目法人、社会公众、社会组织等其他各类群体相互之间的博弈，各相关方根据其他相关方的行动不断调整相应对策以最大化自身利益，因此，假设参与者是"有限理性"的演化博弈模型显然可以被用来研究特大型工程项目社会稳定风险的形成。

演化博弈理论的有限理性假设是区别于传统博弈理论的重要之处，有限理性的内涵也包括了三个方面。

（1）惯例行为（Inertia）。因为参与者变更已有策略需要一定的成本，因此群体中大部分参与者会按惯例进行行动，不会轻易变更已有策略或者说变更策略有一定的滞后性，需要调整时间。

（2）决策上的"近视眼"（Myopia）。当群体中小部分的参与者开始变更策略时，一般以目前策略状态作为已知条件进行分析，而不具备预测能力，也无法影响到其他参与者的决策。

（3）试错法的尝试行为（Trial and experiments）。群体中小部分具有冒险精神的参与者不满足于现有的最优策略，而是不断尝试其他各种策略。

演化博弈理论研究的是社会经济系统中有限理性的群体通过各种动态学习模仿过程，如何达到稳定的均衡状态，即演化博弈理论主要需要解决两个问题，一是构建满足不同理性要求的动态学习模型，二是分析动态学习过程后达到均衡状态的稳定性。因此，一般的演化博弈分析过程也包括了几个步骤：首先是在被研究系统中通过随机抽样选出代表某一特定群体的参与者，进行既定规则的要素博弈，获得收益，此步骤可用策略式或扩展式博弈进行分析；其次，依据演化博弈的惯性行为假设，参与者选取不同策略，形成不同策略的比例分布，即有限理性的行为；然后，在动态学习模仿过程中，不同策略的比例分布不断发生变化，形成不同的动态演化过程；最后，依据不同策略比例分布的动态演化方程，分析演化过程的稳定性。演化博弈模型的基本框架如图4-7所示。

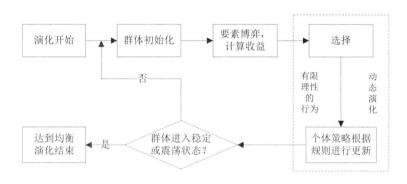

图4-7　演化博弈模型基本框架

一般的演化博弈理论包括了群体（Populations）、支付函数（Payoff function）、动态（Dynamics）、均衡（Equilibrium）等基本要素。

（1）群体，指的是所研究的系统中存在许多的参与者，可以分为同类群体和不同类群体，每个群体都有自己的行动集合。

（2）支付函数，指群体选择某种行动所对应的收益，对策略式博弈来说又被称为适应度函数，与参与者选择的策略及当前不同策略的比例分布相关。

（3）动态，反映的是群体参与者的学习与模仿过程，常见的包括了最优反应动态（Best response dynamics）与复制动态模型（Replicator dynamics）。

（4）均衡，反映的是演化的收敛稳定状态，常见的有静态的演化稳定策略（ESS）以及动态的演化均衡（EE）。

在演化博弈模型中最为常用的动态模型与均衡分析方法分别是复制

动态模型与演化稳定策略，本书所要构建的特大型工程项目主体冲突放大演化博弈模型也将应用这两种方法。

复制动态是演化博弈中最为常见的一种动态模型，采用某一种策略的群体比例 θ_i 的增长率 $d\theta_i(t)/dt$ 是采用这一纯策略的效用 $u(s_i)$ 与群体平均效用差的严格增函数，一般表示为 $d\theta_i(t)/dt = \theta_i(t) \cdot [u_t(s_i) - \overline{u_t}]$。

演化稳定策略是演化博弈最为常见的动态，反映的是博弈均衡解的稳定性状态，稳定演化策略指对于非常小的正数 ε，所有的 $\sigma \neq \sigma^*$ 时满足 $u(\sigma^*, (1-\varepsilon)\sigma^* + \varepsilon\sigma) > u(\sigma, (1-\varepsilon)\sigma^* + \varepsilon\sigma)$，即对于一个群体中很小比例 ε 的突变行为 σ 来说，如果采取 σ^* 策略将获得更高的收益，则 σ^* 策略即为演化稳定策略。

二、模型假设与收益矩阵

1. 模型的基本假设

由前文分析可知，特大型工程项目多元主体冲突的关键在于政府与当地群众之间的关系，项目法人在特大型工程项目社会稳定风险管理过程中更多的是起到代理人的作用，而且已有的大量群体性事件演化博弈研究也多是基于政府与当地群众两者之间的博弈，因此本节在上一节定性分析政府与当地群众关系的基础上，考虑将政府与当地群众作为演化博弈的双方构建特大型工程项目政府与当地群众的冲突演化博弈模型。

（1）在演化博弈模型中，两个参与群体分别为当地群众（A）与政府（B）。

（2）当政府提出特大型工程项目的规划时，当地群众存在理性协商与暴力抗争两种策略，即当地群众 A 的策略空间为 $S_A = \{$理性协商 A_1，暴力抗争 $A_2\}$。而且由于当地群众的社会经济地位、社会关系等条件的差异，对于特大型工程项目的态度也有所不同，当地群众在策略空间 $\{$ 理性协商A_1，暴力抗争$A_2\}$ 中采取分散化行动，大部分理解特大型工程项目的建设，选择理性协商，小部分采取过激行为进行暴力抗争。这一假设也符合演化博弈中大部分参与者惯例行为，小部分采取试错法尝试行为的基本假设。

（3）政府由于在执政理念、政绩考虑以及对特大型工程项目的支持力度等方面的不同，在应对当地群众的反应时，存在着妥协接受与强硬控制两种策略，即政府 B 的策略空间为 $S_B = \{$妥协接受B_1，强硬控制$B_2\}$。政府在此博弈过程中会受到上级政府、社会舆论等方面的影响，采取的策略会不断地调整。

（4）依据政府对于当地群众的相关保证、利益补偿等，当地群众会做出理性协商或暴力抗争的决策，这符合演化博弈的决策上的"近视眼"假设。当地群众会观察身边人相应决策的收益，以此作为自己决策的参考；同样的，政府在应对当地群众的反映时，也会依据上一回合的情况进行策略调整。

2. 动态演化博弈流程与收益矩阵

特大型工程项目社会稳定风险的政府与当地群众动态演化博弈具体流程如图 4-8 所示，主要分为两个阶段。第一阶段，政府推出特大型工程项目的规划，当地群众在知晓相应情况后，要么对项目比较支持，对于自身的相关诉求采取理性协商的策略（即 A_1），要么对项目不理解或者担心项目建设影响生态环境、自身利益等，对于自身诉求采取暴力抗争的策略（即 A_2）。第二阶段，政府在面对当地群众的不同策略时，要么选择妥协接受的策略（即 B_1），要么选择强硬控制的策略（即 B_2）。

在未实施特大型工程项目之前，当地群众与政府存在一定的保留收益，分别记为 R_A 与 R_B。若双方都采取温和的方式（当地群众采取理性

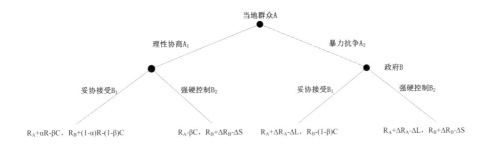

图4-8 特大型工程项目当地群众与政府动态演化博弈模型

协商策略且政府采取妥协接受策略），则特大型工程项目可为社会增加总效益 R，当地群众所占比例为 α，$0 < \alpha < 1$；双方温和协商过程中所付出的总成本为 C，当地群众分担比例为 β，$0 < \beta < 1$；一般来说，特大型工程项目对当地社会经济发展具有较大的促进作用，因此我们认为 $R > C$。当地群众采取理性协商策略而政府采取强硬控制策略时，双方都无法获得特大型工程项目顺利开展所增加的效益，当地群众由于试图采取协商策略，所以仍然会付出温和协商状态下的相应成本；政府由于采取强硬控制策略，不需要承担温和协商状态的成本，但其为了强硬控制需要额外增加维稳支出 ΔS，在此过程中同时也会获得项目的额外收益 ΔR_B；当地群众选择暴力抗争的策略而政府选择妥协接受的策略时，当地群众由于选择了暴力抗争策略，需要承担暴力抗争成本 ΔL，但也会获得项目的额外利益补偿 ΔR_A；政府此时由于试图采取妥协接受策略，因此需要付出温和协商状态下的相应成本。当地群众选择暴力抗争的策略而政府选择强硬控制的策略时，双方都应为强硬的态度而需要额外付出暴力抗争成本及维稳支出，但同时也能获得项目的额外收益与利益补偿。特大型工程项目当地群众与政府演化博弈的收益矩阵如表4-1所示。

表 4 - 1 演化博弈双方收益矩阵

政府 B 当地 群众 A	妥协接受 B_1	强硬控制 B_2
理性协商 A_1	$R_A + \alpha R - \beta C$, $R_B + (1-\alpha)R - (1-\beta)C$	$R_A - \beta C$, $R_B + \Delta R_B - \Delta S$
暴力抗争 A_2	$R_A + \Delta R_A - \Delta L , R_B - (1-\beta)C$	$R_A + \Delta R_A - \Delta L , R_B + \Delta R_B - \Delta S$

特大型工程项目建设进程中，如何有效地避免群众与政府采取"双输"的策略而造成群体性事件等社会冲突的爆发，进而形成社会稳定风险，是当前迫切需要解决的主要挑战。本章将通过分析特大型工程项目当地群众与政府动态博弈形成对抗冲突（即｛暴力抗争 A_2，强硬控制 B_2｝成为均衡路径）的演化机理，来探讨特大型工程项目主体冲突放大的社会稳定风险形成过程。

三、多情景演化博弈分析

构建演化博弈模型的最终目的是演化稳定策略分析及动态过程分析，最为常见的动态模型为复制动态模型，本节将利用复制动态模型来研究当地群众与政府的演化博弈均衡及其动态调整过程。

首先，假设在当地群众 A 采取理性协商策略 A_1 的比例为 x，政府 B 采取妥协接受策略 B_1 的比例为 y，依据表 4 - 1 收益矩阵可知：

当地群众 A 采取理性协商策略 A_1 的期望收益为：

$$U_{A1} = y(R_A + \alpha R - \beta C) + (1 - y)(R_A - \beta C)$$
$$= y\alpha R + R_A - \beta C \qquad (式 4 - 12)$$

当地群众 A 采取暴力抗争 A_2 的期望收益为：

$$U_{A2} = y(R_A + \Delta R_A - \Delta L) + (1 - y)(R_A + \Delta R_A - \Delta L)$$
$$= R_A + \Delta R_A - \Delta L \qquad (式 4 - 13)$$

由式 4 - 12 和式 4 - 13 可知，当地群众 A 的平均收益为：

$$U_A = x U_{A1} + (1 - x) U_{A2}$$

$$= x(y\alpha R - \Delta R_A - \beta C + \Delta L) + R_A + \Delta R_A - \Delta L \qquad (式 4 - 14)$$

政府 B 采取妥协接受策略 B_1 的期望收益为：

$$U_{B1} = x[R_B + (1 - \alpha)R - (1 - \beta)C] + (1 - x)[R_B - (1 - \beta)C]$$

$$= x(1 - \alpha)R + R_B - \Delta S \qquad (式 4 - 15)$$

政府 B 采取强硬控制策略 B_2 的期望收益为：

$$U_{B2} = x[R_B + \Delta R_B - \Delta S] + (1 - x)[R_B + \Delta R_B - \Delta S]$$

$$= R_B + \Delta R_B - \Delta S \qquad (式 4 - 16)$$

由式 4 - 15 式 4 - 16 可知，政府 B 的平均收益为：

$$U_B = y U_{B1} + (1 - y) U_{B2}$$

$$= y[x(1 - \alpha)R - \Delta R_B - (1 - \beta)C + \Delta S] + R_B + \Delta R_B - \Delta S$$

$$(式 4 - 17)$$

由复制动态方程定义可知，当地群众 A 的复制动态方程为：

$$dx/dt = x(U_{A1} - U_A)$$

$$= x(1 - x)(y\alpha R - \Delta R_A - \beta C + \Delta L) \qquad (式 4 - 18)$$

政府 B 的复制动态方程为

$$dy/dt = y(U_{B1} - U_B)$$

$$= y(1 - y)[x(1 - \alpha)R - \Delta R_B - (1 - \beta)C + \Delta S]$$

$$(式 4 - 19)$$

由式 4 - 18 可知，当 x = 0，1 或 $y = \dfrac{\Delta R_A + \beta C - \Delta L}{\alpha R}$ 时，当地群众

采取理性协商策略可以达到局部稳定；由式 4 - 19 可知，当 y = 0，1 或

$x = \dfrac{\Delta R_B + (1 - \beta)C - \Delta S}{(1 - \alpha)R}$ 时，政府采取妥协接受策略可以达到局部稳

定。由此形成 5 个局部均衡点 $E_1(0,0)$，$E_2(1,0)$，$E_3(0,1)$，$E_4(1,1)$ 以

及 $E_5(\dfrac{\Delta R_B + (1-\beta)C - \Delta S}{(1-\alpha)R}, \dfrac{\Delta R_A + \beta C - \Delta L}{\alpha R})$。

由式复制动态方程 4 - 18 与式 4 - 19 可得雅克比矩阵：

$$
J = \begin{bmatrix}
(1-2x)(y\alpha R - \Delta R_A - \beta C + \Delta L) \\
x(1-x)\alpha R \\
y(1-y)(1-\alpha)R \\
(1-2y)[x(1-\alpha)R - \Delta R_B - (1-\beta)C + \Delta S]
\end{bmatrix}
$$

可求得雅克比矩阵行列式 det J 和迹 tr J 分别为：

$$\det J = (1-2x)(1-2y)(y\alpha R - \Delta R_A - \beta C + \Delta L)$$

$$[x(1-\alpha)R - \Delta R_B - (1-\beta)C + \Delta S]$$

$$- xy(1-x)(1-y)\alpha R(1-\alpha)R \qquad （式 4 - 20）$$

$$trJ = (1-2x)(y\alpha R - \Delta R_A - \beta C + \Delta L)$$

$$+ (1-2y)[x(1-\alpha)R - \Delta R_B - (1-\beta)C + \Delta S] \qquad （式 4 - 21）$$

由此可得 5 个均衡点的雅克比矩阵行列式和迹，如表 4 - 2 所示。

表 4 - 2　均衡点雅克比矩阵的行列式和迹

均衡点	det J	tr J
$E_1(0,0)$	$(\Delta R_A + \beta C - \Delta L)\begin{bmatrix} \Delta R_B + \\ (1-\beta)C - \Delta S \end{bmatrix}$	$-(\Delta R_A + \beta C - \Delta L)$ $-[\Delta R_B + (1-\beta)C - \Delta S]$
$E_2(1,0)$	$(\Delta R_A + \beta C - \Delta L)\begin{bmatrix} (1-\alpha)R - \\ \Delta R_B - (1-\beta)C \\ + \Delta S \end{bmatrix}$	$(\Delta R_A + \beta C - \Delta L)$ $+ \begin{bmatrix} (1-\alpha)R - \\ \Delta R_B - (1-\beta)C + \Delta S \end{bmatrix}$
$E_3(0,1)$	$(\alpha R - \Delta R_A - \beta C + \Delta L)\begin{bmatrix} \Delta R_B + \\ (1-\beta)C \\ - \Delta S \end{bmatrix}$	$(\alpha R - \Delta R_A - \beta C + \Delta L)$ $+ \begin{bmatrix} \Delta R_B - \\ (1-\beta)C + \Delta S \end{bmatrix}$

续表

均衡点	det J	tr J
$E_4(1,1)$	$(\alpha R - \Delta R_A - \beta C + \Delta L)$ $\begin{bmatrix} (1-\alpha)R - \\ \Delta R_B - (1-\beta)C + \Delta S \end{bmatrix}$	$-(\alpha R - \Delta R_A - \beta C + \Delta L)$ $-\begin{bmatrix} (1-\alpha)R - \\ \Delta R_B - (1-\beta)C + \Delta S \end{bmatrix}$
$E_5(x^*, y^*)$	T	0

注：表中 $T = \dfrac{-(\Delta R_A + \beta C - \Delta L)[\Delta R_B + (1-\beta)C - \Delta S]}{(1-\alpha)R\alpha R} \{(1-\alpha)R - [\Delta R_B + (1-\beta)C - \Delta S]\{\alpha R - (\Delta R_A + \beta C - \Delta L)\}\}$

在得到当地群众与政府的复制动态方程及均衡点雅克比矩阵的行列式和迹之后，下一步考虑在不同情景下分析特大型工程项目当地群众与政府的演化博弈均衡状态及其动态调整过程。在政府与当地群众策略选择中，经济方面的因素会对其产生较大的影响，对于政府而言，额外维稳支出的大小会是影响其采取策略的重要因素；对于当地群众而言，暴力抗争成本的大小会是影响其采取策略的重要因素。因此，本书考虑在政府额外维稳支出 ΔS 与当地群众暴力抗争成本 ΔL 不同的情况进行多情景分析。

1. 情景一：政府额外维稳支出 ΔS 与当地群众暴力抗争成本 ΔL 都很大

若当地群众与政府都采取强硬策略时所造成的政府额外维稳支出 ΔS 及当地群众群众的暴力抗争成本 ΔL 均很大时，有：

$\Delta S > (1-\alpha)R > \Delta R_B + (1-\beta)C$; $\Delta L > \alpha R > \Delta R_A + \beta C$

此时，将上式代入当地群众的复制动态方程式 4-18 及政府的复制动态方程式 4-19 中，可以得到此时 $dx/dt > 0$, $dy/dt > 0$ 。在当地群众和政府的 2×2 策略空间中，演化相位图如图 4-9 所示，特大型工程项目当地群众与政府演化博弈的均衡结果为唯一的纳什均衡（理性协商 A_1，妥协接受 B_1）。

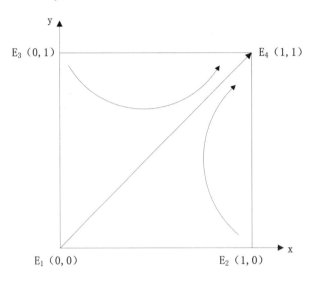

图 4 - 9　政府额外维稳支出 ΔS 与当地群众暴力抗争成本

ΔL 都很大时的均衡结果

当政府额外维稳支出 ΔS 与当地群众暴力抗争成本 ΔL 很大时，当地群众与政府双方都会竭力避免采取导致事态恶化的策略（即暴力抗争与强硬控制），而是会通过协商的理性方式来解决矛盾冲突，以期获得项目顺利开展所增加的社会总收益。

2. 情景二：政府额外维稳支出 ΔS 与当地群众暴力抗争成本 ΔL 都很小

若当地群众与政府都采取强硬策略时所造成的政府额外维稳支出 ΔS 及当地群众的暴力抗争成本 ΔL 均很小时，有：

$(1 - \alpha)R > \Delta R_B + (1 - \beta)C > \Delta S$；$\alpha R > \Delta R_A + \beta C > \Delta L$

此时，对于当地群众的复制动态方程式 4 - 18，若 $y^* =$

$\dfrac{\Delta R_A + \beta C - \Delta L}{\alpha R}$，则有 $dx/dt = 0$，$0 < y^* < 1$ 即为混合均衡点；当 $y >$

$\dfrac{\Delta R_A + \beta C - \Delta L}{\alpha R}$，则有 $dx/dt > 0$，$x \to 1$ 即为演化稳定策略；当 $y <$

$\dfrac{\Delta R_A + \beta C - \Delta L}{\alpha R}$，则有 $dx/dt < 0$，$x \to 0$ 即为演化稳定策略。

对于政府的复制动态方程式 4 – 19，若 $x^* = \dfrac{\Delta R_B + (1 - \beta)C - \Delta S}{(1 - \alpha)R}$，

则有 $dy/dt = 0$，$0 < x^* < 1$ 即为混合均衡点；当 $x >$

$\dfrac{\Delta R_B + (1 - \beta)C - \Delta S}{(1 - \alpha)R}$，则有 $dy/dt > 0$，$y \to 1$ 即为演化稳定策略；当

$x < \dfrac{\Delta R_B + (1 - \beta)C - \Delta S}{(1 - \alpha)R}$，则有 $dy/dt < 0$，$y \to 0$ 即为演化稳定策略。

在当地群众和政府的 2×2 策略空间中，根据表 4 – 2 均衡点雅克比矩阵的行列式 det J 及迹 tr J，通过判断 5 个局部均衡点中行列式 det J 及迹 tr J 值的正负，可得点 $E_1(0,0)$ 与 $E_4(1,1)$ 为演化的稳定状态，点 $E_2(1,0)$ 与点 $E_3(0,1)$ 为不稳定点，点 $E_5(\dfrac{\Delta R_B + (1 - \beta)C - \Delta S}{(1 - \alpha)R}$,

$\dfrac{\Delta R_A + \beta C - \Delta L}{\alpha R})$ 为不稳定的鞍点。演化相位图如图 4 – 10 所示。

当政府额外维稳支出 ΔS 与当地群众暴力抗争成本 ΔL 很小时，特大型工程项目当地群众与政府演化博弈的均衡结果为（理性协商 A_1，妥协接受 B_1）或（暴力抗争 A_2，强硬控制 B_2），如图 4 – 10 所示。具体的演化结果受当地群众对待特大型工程项目的态度强硬度、利益诉求表达方式以及政府执政理念、对待当地群众利益诉求的处理习惯等社会系统初始状态的影响。当初始状态处于图 4 – 10 中区域Ⅰ与Ⅱ（即四边形

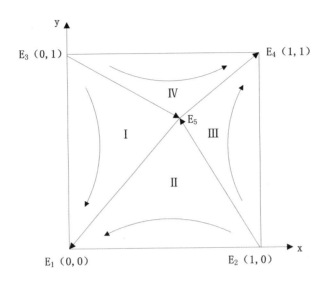

图 4 – 10 政府额外维稳支出 ΔS 与当地群众暴力抗争成本 ΔL 都很小时的均衡结果

$E_1E_2E_5E_3$）时，演化将收敛于点 E_1（0，0），即当地群众采取暴力抗争策略，政府采取强硬控制策略。若初始状态处于图 4 – 10 中区域Ⅲ与Ⅳ（即四边形 $E_2E_4E_3E_5$）时，演化将收敛于点 E_2（1，1），即当地群众采取理性协商策略，政府采取妥协接受策略。

3. 情景三：政府额外维稳支出 ΔS 很大而当地群众暴力抗争成本 ΔL 很小

若当地群众与政府都采取强硬策略时所造成的政府额外维稳支出 ΔS 很大而当地群众的暴力抗争成本 ΔL 很小时，有：

$$\Delta S > (1 - \alpha)R > \Delta R_B + (1 - \beta)C ; \alpha R > \Delta R_A + \beta C > \Delta L$$

此时，对于当地群众的复制动态方程式 4 – 18，若 $y^{*} = \dfrac{\Delta R_A + \beta C - \Delta L}{\alpha R}$，则有 $dx/dt = 0$，$0 < y^{*} < 1$ 即为混合均衡点；当 $y >$

$\dfrac{\Delta R_A + \beta C - \Delta L}{\alpha R}$，则有 $dx/dt > 0$，$x \to 1$ 即为演化稳定策略；当 $y <$

$\dfrac{\Delta R_A + \beta C - \Delta L}{\alpha R}$，则有 $dx/dt < 0$，$x \to 0$ 即为演化稳定策略。对于政府

的复制动态方程式 4 – 19，此时无论 x 取何值都有 $dy/dt > 0$，因此，

$y \to 1$ 为演化稳定策略。

在当地群众和政府的 2×2 策略空间中，根据表 4 – 2 均衡点雅克比

矩阵的行列式 det J 及迹 tr J，通过判断 5 个局部均衡点中行列式 det J

及迹 tr J 值的正负，可得点 $E_4(1,1)$ 为演化的稳定状态，点 $E_2(1,0)$ 为

不稳定点，点 $E_1(0,0)$、点 $E_3(0,1)$ 与点 $E_5(\dfrac{\Delta R_B + (1 - \beta)C - \Delta S}{(1 - \alpha)R}$，

$\dfrac{\Delta R_A + \beta C - \Delta L}{\alpha R})$ 为不稳定的鞍点。演化相位图如图 4 – 11 所示。

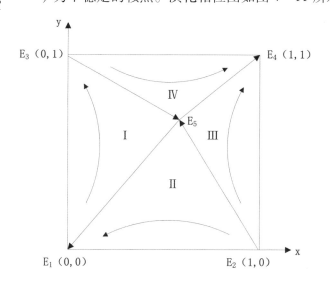

图 4 – 11　政府额外维稳支出 ΔS 很大而当地群众暴力抗

争成本 ΔL 很小时的均衡结果

当政府额外维稳支出 ΔS 很大而当地群众暴力抗争成本 ΔL 很小时，特大型工程项目当地群众与政府演化博弈的均衡结果为（理性协商 A_1，妥协接受 B_1），如图 4 – 11 所示。由于政府的额外维稳支出 ΔS 很大，政府会尽量不去选择强硬控制增加支出，而是倾向于采取妥协接受的策略。此时当地群众若选择暴力抗争策略，一方面会增加支出（虽然此时暴力抗争成本 ΔL 很小，但仍然是大于 0 的），另一方面由于 $\alpha R > \Delta R_A + \beta C$，则有 $\alpha R - \beta C > \Delta R_A$ 是大于 0 的，当地群众选择理性协商策略得到的收益增加是大于选择暴力抗争策略的，因此当地群众也会倾向于选择理性协商的策略。

4. 情景四：政府额外维稳支出 ΔS 很小而当地群众暴力抗争成本 ΔL 很大

若当地群众与政府都采取强硬策略时所造成的政府额外维稳支出 ΔS 很小而当地群众的暴力抗争成本 ΔL 均很大时，有：

$$(1 - \alpha)R > \Delta R_B + (1 - \beta)C > \Delta S ; \Delta L > \alpha R > \Delta R_A + \beta C$$

此时，对于当地群众的复制动态方程式 4 – 18，无论 y 取何值都有 $dx/dt > 0$，$x \to 1$ 即为演化稳定策略。对于政府的复制动态方程式 4 – 19，若 $x^* = \dfrac{\Delta R_B + (1 - \beta)C - \Delta S}{(1 - \alpha)R}$，则有 $dy/dt = 0$，$0 < x^* < 1$ 即为混合均衡点；当 $x > \dfrac{\Delta R_B + (1 - \beta)C - \Delta S}{(1 - \alpha)R}$，则有 $dy/dt > 0$，$y \to 1$ 即为演化稳定策略；当 $x < \dfrac{\Delta R_B + (1 - \beta)C - \Delta S}{(1 - \alpha)R}$，则有 $dy/dt < 0$，$y \to 0$ 即为演化稳定策略。

在当地群众和政府的 2×2 策略空间中，根据表 4 – 3 均衡点雅克比矩阵的行列式 det J 及迹 tr J，通过判断 5 个局部均衡点中行列式 det J 及迹 tr J 值的正负，可得点 $E_4(1,1)$ 为演化的稳定状态，点 $E_3(0,1)$ 为

120

不稳定点，点 $E_1(0,0)$、点 $E_2(1,0)$ 与点 $E_5(\dfrac{\Delta R_B + (1-\beta)C - \Delta S}{(1-\alpha)R},$

$\dfrac{\Delta R_A + \beta C - \Delta L}{\alpha R})$ 为不稳定的鞍点。演化相位图如图 4-12 所示。

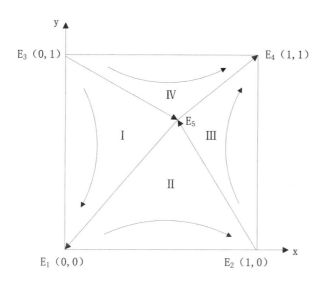

**图 4-12 政府额外维稳支出 ΔS 很小而当地群众暴力抗
争成本 ΔL 很大时的均衡结果**

当政府额外维稳支出 ΔS 很小而当地群众暴力抗争成本 ΔL 很大时，特大型工程项目当地群众与政府演化博弈的均衡结果为（理性协商 A_1，妥协接受 B_1），如图 4-12 所示。由于当地群众暴力抗争成本 ΔL 很大，当地群众会尽量不去选择暴力抗争策略增加自身支出，而是倾向于选择理性协商策略。此时政府若选择强硬控制策略，一方面会增加支出（虽然额外维稳支出 ΔS 很小，但仍然是大于 0 的），另一方面由于 $(1-\alpha)R > \Delta R_B + (1-\beta)C$，则有 $(1-\alpha)R - (1-\beta)C > \Delta R_B$ 是大于 0 的，政府选择妥协接受策略得到的收益增加是大于选择强硬控制策略的，因此，政府也会倾向于选择妥协接受的策略。

第三节　复杂网络上特大型工程项目
主体冲突放大仿真分析

一、小世界网络的适用性及仿真步骤

自 Watts 与 Strogatz 通过研究线虫的神经网络、美国西部电力网以及电影演员合作网的平均路径长度与集聚系数，发现其具有较小的平均路径长度与较大的集聚系数的小世界特征，正式提出了小世界网络。经过长期的发展，小世界网络已经被证实可以有效地定量研究现实复杂社会经济系统的相关问题。特大型工程项目多元主体冲突放大的网络实质是基于现实人际关系网络、社交网络的多元主体相互作用，并受社会经济环境等外在系统影响的多元主体互动关系复杂网络。大量学者基于复杂网络对现实的人际关系网络与社交网络进行了研究，发现其网络拓扑结构具有平均路径长度小、集聚系数大的特点，具有小世界特征。鉴于小世界网络可以为解释复杂社会经济系统相关问题提供帮助以及现实的主体互动关系复杂网络类似于小世界网络，因此本书后续研究的网络拓扑结构都为小世界网络。

在复杂网络上对特大型工程项目当地群众与政府演化博弈进行仿真，首先需要确定复杂网络中博弈个体的策略选择，然后分析不同网络特征对演化博弈结果的影响，探析特大型工程项目多元主体冲突放大机理。

首先，生成一定节点数目的 WS 小世界网络，初始化网络参数。将网络中所有节点分为当地群众与政府两类，给定当地群众与政府在网络中的节点比例。在这里，政府的含义包括了与特大型工程项目相关的各

级政府、政府的各相关部门以及相关官员等，因此政府不仅仅是一个节点，而应被看成是网络中的多个节点，其数目远小于网络中当地群众节点的个数。初始状态下，当地群众节点随机选择理性协商策略 A_1 或者暴力抗争策略 A_2，政府节点随机选择妥协接受策略 B_1 或者强硬控制策略 B_2。

其次，在每一轮博弈中，复杂网络中的各节点都与其相邻的所有节点分别进行一次博弈，在每一轮博弈结束后当地群众与政府按照策略更新规则改变自身的策略选择，策略更新规则为：当地群众选择与其相邻的节点进行博弈，若同为当地群众节点，则策略不变，若为政府节点，则当地群众节点更换策略的概率为：

$$p_A = 1/\{1 + exp[(V_{A1} - V_{A2})/\epsilon)\}$$

政府节点更换策略的概率为：

$$p_B = 1/\{1 + exp[(U_{B1} - U_{B2})/\epsilon]\}$$

其中，U_{A1}、U_{A2}、U_{B1}、U_{B2} 可由式 4 – 12、式 4 – 13、式 4 – 15、式 4 – 16分别求出。ϵ 为噪声系数，表示外界影响等不可控因素对节点更新策略的干扰，ϵ 越大表示干扰越大，一般情况下取 $\epsilon = 0.5$。

最后，重复上述博弈过程，直到网络中各节点状态达到稳定，则仿真终止，获得仿真结果。

图 4 – 13 复杂网络上演化博弈仿真过程

二、仿真基本变量设置

本书采用 NetLogo 仿真平台来进行复杂网络上的演化博弈仿真研

究。NetLogo 是一个应用于自然和社会现象的多元主体可编程建模环境，可以在建模中控制成千上万的个体，可以很好地模拟微观个体的行为和宏观模式的涌现及两者之间的关系，特别适合于模拟随时间发展的复杂系统。

　　按照复杂网络上演化博弈仿真的算法步骤，首先要生成 WS 小世界网络，并将网络中所有节点分为当地群众与政府两类。在 NetLogo 初始界面中，可以通过调节各参数的滑动条来确定网络初始参数，如图 4－14 所示。

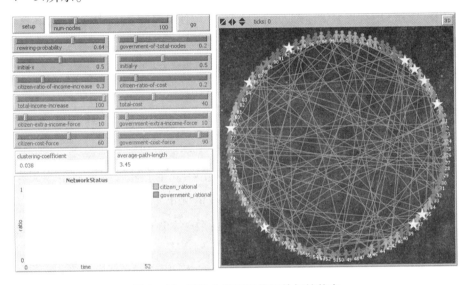

图 4－14　WS 小世界网络下的初始状态

　　在图 4－14 中，模型的相关初始参数在左侧，如 num－nodes 表示网络规模，也即网络中主体的总个数，rewiring－probability 表示生成 WS 小世界网络的随机重连概率 p，government－of－total－nodes 表示网络中政府主体数量占总主体数量的比例，intial－x 表示初始状态下当地群众选择理性协商策略的比例，intial－y 表示初始状态下政府选择妥协接受的比例，citizen－ratio－of－income－increase 表示当地群众占项目为社会增加总效益的比例，citizen – ratio – of – cost 表示当地群众占项目总成本的比例，total – income – increase 表示项目为社会增加的总效益，total – cost 表示为项目顺利进行而付出的成本，citizen – extra – income – force 表示当地群众暴力抗争所获得的额外收益，government – extra – income – force 表示政府强硬控制所获得的额外收益，citizen – cost – force 表示当地群众暴力抗争成本，government – cost – force 表示政府强硬控制的额外支出。图的右侧表示生成的网络，其中"人"表示当地群众，"五角星"表示政府。在当地群众主体中，绿色表示选择理性协商的当地群众主体，蓝色表示选择暴力抗争的当地群众主体；在政府主体中，红色表示选择妥协接受策略的政府主体，黄色表示选择强硬控制策略的政府主体。

初始状态下假设小世界网络重连概率 p = 0.2，整个网络中主体个数为 100，其中政府主体所占比例为 0.2，当地群众采取理性协协商的比例为 x = 0.3，政府采取妥协接受的比例为 y = 0.5，当地群众占总效益增加的比例为 α = 0.3，当地群众分担总成本的比例为 β = 0.2，总效益增加为 R = 100，总成本为 C = 40，当地群众初始保留收益为 R_A = 10，政府初始保留收益为 R_B = 10，当地群众暴力抗争所获额外收益为 ΔR_A = 20，政府强硬控制所获额外收益为 ΔR_B = 20。

三、仿真结果与分析

本书将分别在不同情景下对小世界网络中政府与当地群众演化博弈的结果进行仿真，分析不同初始状态、不同网络特征对特大型工程项目中政府与当地群众主体冲突结果的影响。随着仿真的开始，图 4 – 14 右侧网络图中主体的颜色将会随着博弈的开始而逐渐改变，同时结果也将显示在图 4 – 14 左下角 NetworkStatus 中，横坐标表示演化时间，纵坐标表示群体中理性者的比例。绿色表示当地群众中选择理性协商的比例，红色表示政府中选择妥协接受的比例。

1. 情景一：政府额外维稳支出 ΔS 与当地群众暴力抗争成本 ΔL 都很大

在情景一状态下，满足条件 $\Delta S > (1 - \alpha)R > \Delta R_B + (1 - \beta)C$ ，且 $\Delta L > \alpha R > \Delta R_A + \beta C$ ，此时假设参数设定为：当地群众暴力抗争成本为 $\Delta L = 40$ ，政府强硬控制的额外支出为 $\Delta S = 80$ 。对模型进行仿真，一次仿真的结果如图 4 – 15 所示。

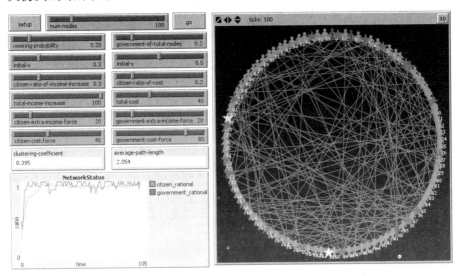

图 4 – 15　情景一状态下小世界网络的演化博弈结果

从图 4 – 15 可以看出，此时网络的集聚系数为 0.395，平均路径长度为 2.054，在小世界网络中，当地群众选择理性协商策略的比例不断增加并趋向于 1，政府选择妥协接受策略的比例也是不断增加并趋向于 1，表明当地群众与政府的博弈最终均衡是趋向于（理性协商，妥协接受）的。在此次仿真结果的基础上，我们进一步来研究网络重连概率、平均路径长度、网络集聚系数等网络特征对演化结果的影响，如图

4-16所示。

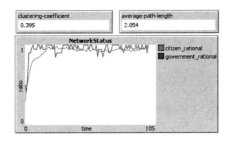

P=0.2时演化结果

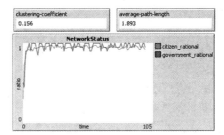

P=0.4时演化结果

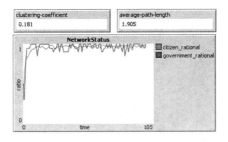

P=0.6时演化结果

P=0.8时演化结果

图4-16 情景一状态下重连概率 p 取不同值时的演化结果

从图4-16可以看出，小世界网络重连概率 p 取不同值时，当地群众与政府博弈的演化趋势基本一致，最终均衡是趋向于（理性协商，妥协接受）的，但是随着重连概率的不断增大，当地群众与政府演化趋于稳定状态的时间明显减少。当小世界网络重连概率分别为 0.2、0.4、0.6、0.8 时，网络集聚系数分别为 0.395、0.261、0.181、0.156，平均路径长度分别为 2.054、1.962、1.905、1.893，这表明随着小世界网络重连概率的增大，集聚系数与平均路径长度减小。集聚系数的减小表明当地群众与政府冲突网络的聚集程度变低，呈现出分散化的状态，主体间异质性更加突出，某些节点度大的主体相对于其他主体而言具有更大影响力，更容易达成均衡状态。平均路径长度的减小表明当地群众与政府冲突网络规模变小，主体之间相互联系的紧密程度增加，也更加容易达成均衡状态。

2. 情景二：政府额外维稳支出 ΔS 与当地群众暴力抗争成本 ΔL 都很小

在情景二状态下，满足条件 $(1-\alpha)R > \Delta R_B + (1-\beta)C > \Delta S$，且 $\alpha R > \Delta R_A + \beta C > \Delta L$，此时假设参数设定为：当地群众暴力抗争成本为 $\Delta L = 10$，政府强硬控制的额外支出为 $\Delta S = 20$。对模型进行仿真，一次仿真的结果如图 4 – 17 所示。

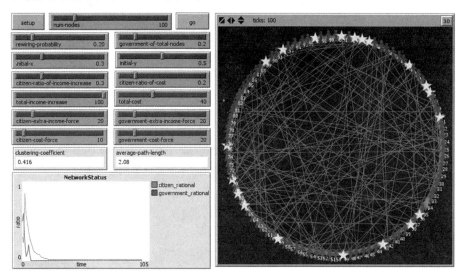

图 4 – 17　情景二状态下小世界网络的演化博弈结果（初始状态位于区域 I 与 II）

从图 4 – 17 可以看出，此时网络的集聚系数为 0.416，平均路径长度为 2.08，当地群众选择理性协商策略的比例开始是增加的，但随着博弈的进行而不断减小并最终趋向于 0；而政府选择妥协接受策略的比例随着博弈的进行不断减小并趋向于 0，表明当地群众与政府的博弈最终均衡是趋向于（暴力抗争，强硬控制）的。在此次仿真结果的基础上，我们进一步来研究网络重连概率、平均路径长度、网络集聚系数等网络特征对演化结果的影响，如图4－18所示。

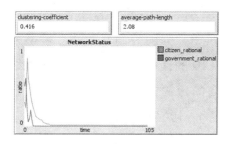

P＝0.2时演化结果

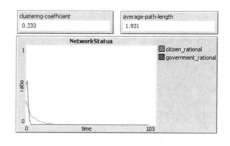

P＝0.4时演化结果

P＝0.6时演化结果

P＝0.8时演化结果

图4－18　情景二状态下重连概率 p 取不同值时的演化结果（初始状态位于区域Ⅰ与Ⅱ）

从图4－18可以看出，小世界网络重连概率 p 取不同值时，当地群众与政府博弈的演化趋势基本一致，最终均衡是趋向于（暴力抗争，强硬控制）的，但是随着重连概率的不断增大，当地群众与政府演化至相对稳定状态的时间也逐步缩短。当小世界网络重连概率分别为0.2、0.4、0.6、0.8时，网络集聚系数分别为0.416、0.233、0.18、0.155，平均路径长度分别为2.08、1.931、1.907、1.895。与情景一类似，同样表明随着小世界网络重连概率的增大，集聚系数减小与平均路径长度减小。集聚系数的减小以及平均路径长度的减小，使得主体间异质性更加突出，而且主体之间相互联系的紧密程度也有所增加，使得当地群众与政府的冲突更加容易达成均衡状态。

在前一节分析中我们知道，当地群众采取理性协协商的比例为 x = 0.3，政府采取妥协接受的比例为 y = 0.5 时，此时的状态位于图 4 - 10 的区域 I 与 II 中，满足演化向（暴力抗争，强硬控制）收敛。接下来我们来仿真分析当初始状态位于图 4 - 10 的区域 III 与 IV 中时的演化结果，此时假定当地群众采取理性协协商的比例为 x = 0.6，政府采取妥协接受的比例为 y = 0.8，演化结果如图 4 - 19 所示。

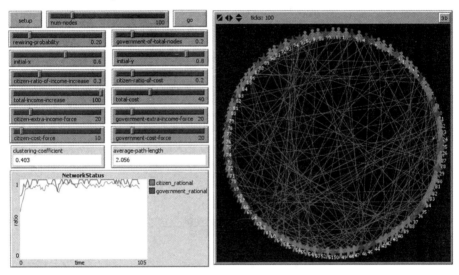

图 4 - 19　情景二状态下小世界网络的演化博弈结果（初始状态位于区域 III 与 IV）

从图 4 - 19 可以看出，此时网络的集聚系数为 0.403，平均路径长度为 2.056，当地群众选择理性协商策略的比例不断增加并趋向于 1，政府选择妥协接受策略的比例也是不断增加并趋向于 1，表明当地群众与政府的博弈最终均衡是趋向于（理性协商，妥协接受）的。相比较于图 4 - 15 情景一状态下的结果，当地群众与政府最终趋于稳定比例的值要略低，而且波动也更为强烈，可能的原因是由于在情景二状态下当地群众暴力抗争的成本与政府强硬控制的额外支出都很小，当地群众选择暴力抗争策略与政府选择强硬控制策略的顾虑更少，难以达到情景一状态下的稳定状态。在此次仿真结果的基础上，我们进一步来研究网络重连概率、平均路径长度、网络集聚系数等网络特征对演化结果的影响，如图4-20所示。

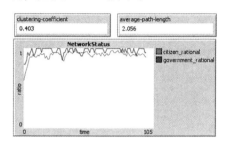

P = 0.2 时演化结果

P = 0.4 时演化结果

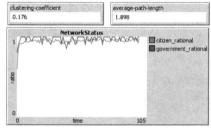

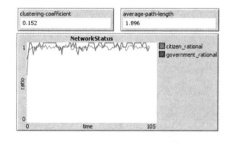

P = 0.6 时演化结果

P = 0.8 时演化结果

图 4 - 20　情景二状态下重连概率 p 取不同值时的演化结果（初始状态位于区域Ⅲ与Ⅳ）

从图4-20可以看出，小世界网络重连概率p取不同值时，当地群众与政府博弈的演化趋势基本一致，最终均衡是趋向于（理性协商，妥协接受）的，但是随着重连概率的不断增大，当地群众与政府演化至相对稳定状态的时间逐步缩短，波动也逐渐较小。当小世界网络重连概率分别为 0.2、0.4、0.6、0.8 时，网络集聚系数分别为 0.403、0.244、0.176、0.152，平均路径长度分别为 2.056、1.948、1.898、

1.896，同样表明随着小世界网络重联概率的增大，集聚系数与平均路径长度减小。集聚系数与平均路径长度的减小使得当地群众与政府的冲突网络变得更加异质性以及主体间联系的紧密程度变强，促使冲突演化更快地趋于稳定。

3. 情景三：政府额外维稳支出 ΔS 很大而当地群众暴力抗争成本 ΔL 很小

在情景三状态下，满足条件 $\Delta S > (1-\alpha)R > \Delta R_B + (1-\beta)C$ ，且 $\alpha R > \Delta R_A + \beta C > \Delta L$ ，此时假设参数设定为：当地群众暴力抗争成本为 $\Delta L = 10$ ，政府强硬控制的额外支出为 $\Delta S = 80$ 。对模型进行仿真，一次仿真的结果如图 4 - 21 所示。

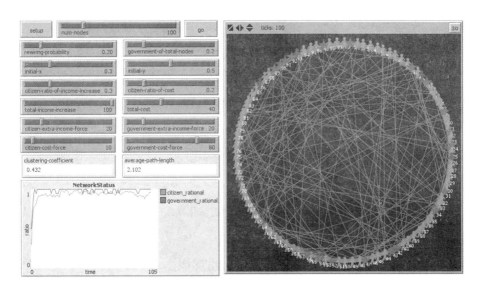

图 4 - 21　情景三状态下小世界网络的演化博弈结果

从图 4 - 21 可看出，网络集聚系数为 0.432，平均路径长度为 2.102，当地群众与政府分别选择理性协商和妥协接受的比例都是不断增加并趋向于 1，表明当地群众与政府的博弈均衡是趋向于（理性协商，妥协接受）的。与图 4 – 15 情景一状态下的结果相比，当地群众达到相对稳定后的波动略大，而政府达到相对稳定后的波动略小，可能的原因是在情景三状态下当地群众暴力抗争的成本很小而政府强硬控制的额外支出很大，造成在相对稳定状态后有少量当地群众不断尝试暴力抗争而政府倾向于妥协接受。在此次仿真结果基础上，进一步来研究网络重连概率、平均路径长度、网络集聚系数等网络特征对演化结果的影响，如图 4 – 22 所示。

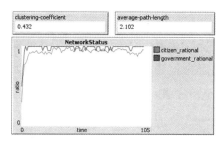

P = 0.2 时演化结果　　　　　　　P = 0.4 时演化结果

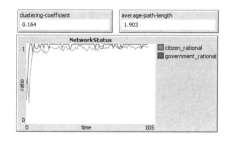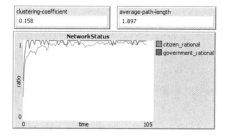

P = 0.6 时演化结果　　　　　　　P = 0.8 时演化结果

图 4 – 22　情景三状态下重连概率 p 取不同值时的演化结果

从图 4 – 22 可以看出，小世界网络重联概率 p 取不同值时，当地群众与政府博弈的演化趋势基本一致，最终均衡是趋向于（理性协商，妥协接受）的，但是随着重联概率的不断增大，当地群众与政府演化至相对稳定状态后的波动逐渐较小。当小世界网络重联概率分别为

0.2、0.4、0.6、0.8 时，网络集聚系数分别为 0.432、0.242、0.164、0.158，平均路径长度分别为 2.102、1.938、1.903、1.897，同样表明随着小世界网络重连概率的增大，集聚系数与平均路径长度减小，与情景一及情景二的情况类似，集聚系数与平均路径长度的减小使得当地群众与政府的冲突网络变得更加异质性以及主体间联系的紧密程度变强，促使冲突演化更快地趋于稳定。

4. 情景四：政府额外维稳支出 ΔS 很小而当地群众暴力抗争成本 ΔL 很大

在情景四状态下，满足条件 $(1-\alpha)R > \Delta R_B + (1-\beta)C > \Delta S$，且 $\Delta L > \alpha R > \Delta R_A + \beta C$，此时假设参数设定为：当地群众暴力抗争成本为 $\Delta L = 40$，政府强硬控制的额外支出为 $\Delta S = 20$。对模型进行仿真，一次仿真的结果如图 4-23 所示。

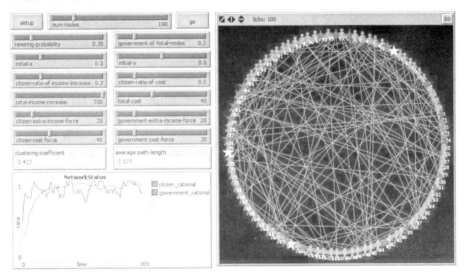

图 4-23　情景四状态下小世界网络的演化博弈结果

从图 4-23 可以看出，此时网络的集聚系数为 0.432，平均路径长度为2.102，当地群众选择理性协商策略的比例与政府选择妥协接受策略的比例都是不断增加并趋向于1，表明当地群众与政府的博弈最终均衡是趋向于（理性协商，妥协接受）的。但是同时也可以看出政府选择妥协接受策略的比例虽然是趋向于1，但是波动非常大，这可能的原因是政府强硬控制的额外支出很小，政府有不断选择强硬控制策略来获得额外收益的冲动，因此演化过程波动较大。在此次仿真结果的基础上，我们进一步来研究网络重连概率、平均路径长度、网络集聚系数等网络特征对演化结果的影响，如图4-24所示。

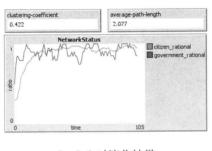

P=0.2时演化结果

P=0.4时演化结果

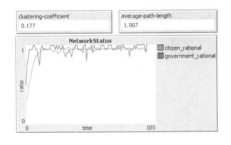

P=0.6时演化结果

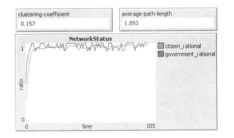

P=0.8时演化结果

图4-24 情景四状态下重连概率p取不同值时的演化结果

从图4-24可以看出，小世界网络重连概率p取不同值时，当地群众与政府博弈的演化趋势基本一致，最终均衡是趋向于（理性协商，妥协接受）的，但是随着重连概率的不断增大，当地群众与政府演化趋于稳定状态的时间逐步缩短，波动也逐渐较小。特别是当 p 取 0.8 时，政府选择妥协接受策略的比例波动已经很小，基本达到了相对稳定。当小世界网络重连概率分别为 0.2、0.4、0.6、0.8 时，网络集聚系数分别为 0.422、0.23、0.177、0.157，平均路径长度分别为 2.077、1.932、1.907、1.893，同样表明随着小世界网络重连概率的增大，集聚系数减小，平均路径长度减小，集聚系数与平均路径长度的减小使得当地群众与政府的冲突网络变得更加异质性以及主体间联系的紧密程度变强，促使冲突演化更快地趋于稳定。

综上所述，我们发现在不同情景下当地群众与政府的博弈结果与前文分析基本一致。在情景二中，当初始状态位于区域 I 与 II 时，即我们假定当地群众选择理性协商策略的比例为 0.3，政府选择妥协接受策略的比例为 0.5，当地群众与政府采取理性措施的比例都偏低，再加上此时政府额外维稳支出 ΔS 与当地群众暴力抗争成本 ΔL 都很小，因此当地群众与政府最终会达到（暴力抗争，强硬控制）的均衡结果。在情景一、情景二（此处特指情景二中初始状态位于区域 III 与 IV 中）、情景三及情景四中，我们发现当地群众与政府最终演化结果都是（理性协商，妥协接受）。分别比较这四种情况发现，相较于情景二与情景三，情景一与情景四中当地群众达到演化相对稳定状态时间较短，且相对稳定后的波动也较小，造成这种可能的原因是当地群众暴力抗争成本 ΔL 较大，当地群众选择暴力抗争策略来表达利益诉求的成本太高，大多数情况下会放弃暴力抗争转而采取理性协商策略。另一方面，相较于情景一与情景三，情景二与情景四中政府演化至均衡状态的时间较长，且波动较大，造成这种情况的可能原因是当政府额外维稳支出 ΔS 较小时，政府为了自身利益很容易采取极端的强硬控制策略来应对当地群众的利益诉求，导致双方较难达到均衡状态或者相对均衡后的波动较大。因此，为控制当地群众与政府冲突的放大，应该采取有效措施提高当地群众暴力抗争成本，也即加大对暴力抗争行为的惩罚力度，另一方面应当强调政府在选择强硬控制策略时不单单考虑额外维稳支出，应该多方面考虑各种社会影响，不能因为维稳支出较小就轻易选择强硬控制策略。

进一步从不同网络特征对演化结果的影响中可以看出，随着网络重连概率的增大，演化至相对均衡状态的时间都相应减少。这是因为在小世界网络中，由于网络重连概率的增大，平均路径长度与集聚系数相应减小。一方面，平均路径长度越小，表明当地群众与政府的冲突网络规模越小，主体间相互联系的紧密程度变强，加速冲突的演化过程；另一方面，集聚系数的减小，使得当地群众与政府的冲突网络呈现出分散化的状态，网络的异质性更加明显，其中节点度大的个体具有较大的影响力，更容易影响周边节点接受其策略，形成羊群效应，使得所有个体演化至相对均衡状态时间减少。在现实网络中，某些处于核心地位且拥有较多社会关系的个体对其他个体具有较大影响力，其策略的选择会成为其他个体选择策略的参考依据。因此，针对这些特殊的个体，应当加强沟通与疏导，使其尽量不选择暴力抗争策略，为网络中其他个体起到正确的引导作用，引导其他个体选择合理的利益诉求方式。

第四节 本章小结

本章在前文界定特大型工程项目社会稳定风险的关键主体基础上，首先分析了政府、项目法人、当地群众三者之间的关系；其次，构建了政府与当地群众两者之间的演化博弈模型，通过分析政府额外维稳支出与当地群众暴力抗争成本不同情形下的博弈均衡结果及其调整过程；最后，选择最接近现实社会人际关系网络的小世界网络作为复杂网络拓扑结构，利用 NetLogo 仿真平台仿真分析小世界网络上特大型工程项目多元主体冲突放大，结果显示政府额外维稳支出与当地群众暴力抗争成本的大小、网络重连概率与平均路径长度等网络特征对特大型工程项目多元主体冲突放大演化结果具有较大影响，为后文建立特大型工程项目多元主体冲突放大化解机制提供依据。

第五章

多元主体冲突放大下特大型工程项目社会稳定风险扩散研究

特大型工程项目的多元主体博弈造成社会冲突的放大，使得当地群众以暴力抗争等形式表达利益诉求，形成了社会稳定风险。在特大型工程项目社会稳定风险形成后，各类主体由于对风险认知的不同，其在社会稳定风险扩散过程中的参与形式也会不同，特别是在复杂网络拓扑结构下，形成了比较复杂的特大型工程项目社会稳定风险扩散过程。在复杂网络下分析多元主体冲突放大的特大型工程项目社会稳定风险如何扩散是本章的研究重点。因此，本章在讨论多元主体冲突放大对社会稳定风险影响的基础上，分析特大型工程项目社会稳定风险扩散网络特征，对传统的 SIR 传染病模型进行改进，构建小世界网络上的特大型工程项目社会稳定风险扩散模型，结合 NetLogo 仿真平台研究社会稳定风险扩散过程。

第一节 多元主体冲突放大下特大型工程项目
社会稳定风险扩散网络

从第三章特大型工程项目社会稳定风险的关键主体界定分析可以得到关键主体为政府、项目法人、当地群众，三者之间存在着利益冲突。

其中影响特大型工程项目社会稳定风险最为关键的两类主体是政府与当地群众，项目法人承担的只是项目筹划、资金筹措、建设实施等具体工作。因此，政府与当地群众的冲突对社会稳定风险有着重要的影响。在当地群众与政府双方演化博弈的 2×2 策略空间中，双方冲突的演化具有四种不同的结果，包括了｛理性协商，妥协接受｝、｛理性协商，强硬控制｝、｛暴力抗争，妥协接受｝与｛暴力抗争，强硬控制｝四种情况。从前文小世界网络上的仿真情况来看，当地群众与政府的主体冲突放大在不同情境下具有不同的结果。在当地群众的暴力抗争成本与政府的额外维稳支出不同的四种情境下，演化结果分别表现为｛理性协商，妥协接受｝与｛暴力抗争，强硬控制｝两种。当演化结果趋向于｛理性协商，妥协接受｝时，当地群众与政府的冲突得到缓解，爆发社会稳定风险的可能性较小。而当演化结果趋向于｛暴力抗争，强硬控制｝时，当地群众与政府的冲突愈演愈烈，最终双方强硬的策略选择使得对抗升级，造成双方主体冲突的放大，容易造成群体性事件等社会冲突，引发社会稳定风险。因此，本书主要针对演化结果趋向于｛暴力抗争，强硬控制｝的情形，探讨主体冲突放大引发的社会稳定风险扩散。

由于本书所研究的特大型工程项目社会稳定风险是指特大型工程项目组织和实施过程中的主体冲突在多元主体互动关系复杂网络中被放大，形成群体性事件等风险事件，并进一步引发风险在多元主体互动关系复杂网络中扩散，从而发生社会失稳。因此，在多元主体冲突放大下特大型工程项目社会稳定风险扩散的过程中，主体之间的相互影响对于社会稳定风险的扩散起到了非常关键的作用。当特大型工程项目主体之间发生冲突，当地群众以暴力抗争的形式进行利益诉求，极易引发群体性事件。在群体性事件爆发后，又由于特大型工程项目的复杂性及社会影响巨大等特性，更多的主体受到影响，并参与到社会稳定风险的扩散过程中来。

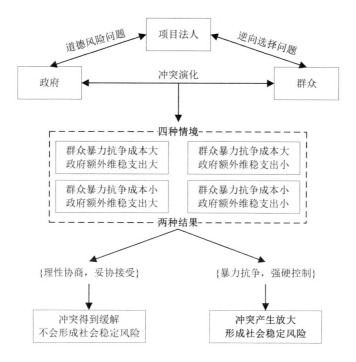

图 5 - 1　多元主体冲突放大对社会稳定风险的影响

　　关键主体间的冲突放大使得特大型工程项目社会稳定风险爆发，进一步在多元主体互动关系网络中扩散。特大型工程项目社会稳定风险形成之后，由于其扩散性会使得其不仅仅在政府、项目法人、当地群众等关键主体间扩散，社会公众、媒体等其他相关主体也会参与其中，成为风险扩散的主体，形成多元主体冲突放大下特大型工程项目社会稳定风险扩散的复杂网络。在这个特大型工程项目社会稳定风险扩散的复杂网络中，政府、项目法人、当地群众、社会公众等不同类型的主体对于特大型工程项目的了解程度及态度的不同，造成其对社会稳定风险传播扩散的态度也有所不同，风险认知的不同进一步使得其风险扩散能力也不尽相同。有一部分主体对于特大型工程项目并不十分支持，又或者所得到的利益补偿低于预期，因此当特大型工程项目引发的社会稳定风险传播扩散开来时，主动参与到风险传播扩散过程中，自身成为一个新的传播源；也有一部分主体对特大型工程项目持支持态度，或者其利益补偿达到了心理预期，当特大型工程项目引发的社会稳定风险传播扩散开来时，不会参与其中，而是选择忽视甚至劝解。这里的主体划分不再是政府、项目法人、当地群众、社会公众的维度，而是依据各主体在特大型工程项目社会稳定风险扩散网络中的作用来划分，例如当地群众中有一部分人是会直接参与到社会稳定风险扩散中来的，有一部分是不会参与扩散，成为特大型工程项目社会稳定风险扩散网络中新的主体类型；同样的，对于政府、社会公众等其他主体，每一类型中都会有一定比例的主体参与或者不参与社会稳定风险扩散。因此，在形成了多元主体冲突放大下特大型工程项目社会稳定风险扩散网络后，有必要对其主体、互动模式、扩散特征等特性进行分析。

第二节　特大型工程项目社会稳定风险 扩散网络的特征分析

一、特大型工程项目社会稳定风险扩散网络的主体

基于上文对多元主体冲突放大下特大型工程项目社会稳定风险扩散网络的分析，并结合特大型工程项目社会稳定风险传播扩散过程中的主体参与态度以及经典传染病模型主体的分类，本书将特大型工程项目社会稳定风险扩散的主体分为无知者、观望者、不满者、理性者四类。

1. 无知者（Ignornant）

特大型工程项目社会稳定风险扩散过程的无知者是指对于特大型工程项目及其引发的社会稳定风险的相关信息还不了解，并未接触到社会

稳定风险信息，不会传播社会稳定风险的一类主体。

2. 不满者（Malcontents）

特大型工程项目社会稳定风险扩散过程的不满者是指对于特大型工程项目抱有抵触情绪，对于相关的利益补偿不满意，以至于通过暴力抗争等手段进行利益诉求，主动传播社会稳定风险的一类主体。

3. 观望者（Staggerers）

特大型工程项目社会稳定风险扩散过程的观望者是指已经了解了特大型工程项目相关社会稳定风险信息，但是由于自身主动参与性不强或利益补偿已达到预期等可能的原因，在现阶段保持观望态度，暂时不会主动参与传播社会稳定风险的一类主体。

4. 理性者（Rationals）

特大型工程项目社会稳定风险扩散过程的理性者是指已经接触了大量的特大型工程项目社会稳定风险信息，但由于对特大型工程项目的支持态度或维护社会稳定等可能的原因，不参与社会稳定风险的扩散（或称之为对社会稳定风险具有免疫力）的一类主体。理性者与观望者的区别在于，观望者只是暂时不会参与社会稳定风险的传播，当接触了一定量的社会稳定风险之后有可能会成为传播源，而理性者已经具有风险免疫力，不会再参与任何社会稳定风险的传播扩散。

二、特大型工程项目社会稳定风险扩散的互动模式

在特大型工程项目社会稳定风险扩散过程中，无知者、不满者、观望者与理性者四类主体相互作用、相互影响，形成了社会稳定风险扩散网络。在此过程中，主体接收到社会稳定风险信息传递给其他主体的基础是建立在两者之间有某种社会联系，因此，特大型工程项目社会稳定风险扩散网络可以看作是一个以人为节点，以人之间的关系为边的有向无权网络，如图 5 - 3 所示。当主体 A 感知到社会稳定风险后，会扩散

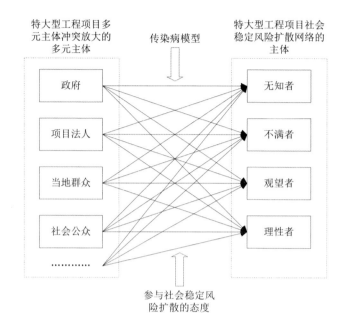

图 5 - 2　特大型工程项目社会稳定风险扩散网络的主体

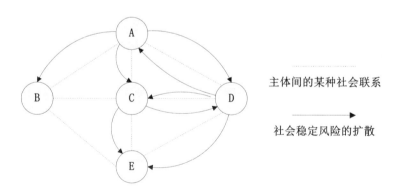

图 5 - 3　特大型工程项目社会稳定风险扩散网络示意图

给与其存在联系的主体 B、C、D 等，主体 B、C 接收到主体 A 扩散来的风险信息后，可能对此不感兴趣或者不相信风险存在，因此不会进行再次扩散；主体 D 接收到主体 A 扩散来的风险信息后受到影响，也感知到社会稳定风险，形成一定的恐慌，从而会进一步扩散社会稳定风险至与其存在联系的 A、C、E；主体 C 本来不参与扩散社会稳定风险，但由于接触到的风险信息的增多，也逐渐转变为传播者，进一步将社会稳定风险扩散到与其存在联系的相关主体中。

具体到无知者、不满者、观望者与理性者四类主体，特大型工程项目社会稳定风险扩散的主体互动模式如图 5-4 所示。当无知者感知社会稳定风险后，一部分成为不满者，一部分成为观望者，一部分成为理性者。成为不满者的会再次扩散社会稳定风险，造成不满者的数量不断增多，于是社会稳定风险扩散开来；成为观望者的暂时不会扩散社会稳定风险，但是过多地接触到社会稳定风险信息后，有可能再次受影响成为不满者；而在社会稳定风险扩散开来的过程中，部分不满者会由于社会处置得当以及自身某些原因，一部分会成为观望者，暂时不参与社会稳定风险的扩散，另一部分将不再会参与社会稳定风险的扩散，成为理性者。

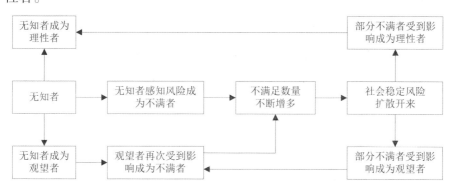

图 5-4　特大型工程项目社会稳定风险扩散主体互动模式

三、特大型工程项目社会稳定风险扩散的传染病特征

特大型工程项目社会稳定风险扩散的本质上是各类主体感知到特大

型工程项目建设引发的社会稳定风险，经过各种传播途径传播扩散到与其接触的其他主体的过程。传染病一般具有病原体、传染介质、传染性、免疫性等基本特征，与传染病的传播过程类似，特大型工程项目社会稳定风险扩散同样具有这几类特征。

1. 特大型工程项目社会稳定风险扩散的病原体

在特大型工程项目社会稳定风险扩散过程中，其病原体就是风险源，也即前文所提到的暴力抗争等形式的群体性突发事件。风险源是风险传播扩散的前提，没有风险源也就不会存在风险扩散。当特大型工程项目引发了主体之间的利益冲突，爆发了群体性事件，形成了社会稳定风险源，进一步通过传染介质扩散给其他能接触到的相关主体。

2. 特大型工程项目社会稳定风险扩散的传染介质

传染介质是风险源借助传播的载体，特大型工程项目社会稳定风险扩散的传染介质是主体之间的关系网络，不仅包括了互联网、报纸等新媒体与传统媒体，还包括了区域内形成的各种社会关系。特大型工程项目社会稳定风险源形成后，风险信息通过这些传染介质传播到更大范围内，给整个社会带来巨大的影响。

3. 特大型工程项目社会稳定风险扩散的传染性

与传染病具有传染性一样，特大型工程项目社会稳定风险扩散同样具有传染性。当有主体感知到社会稳定风险之后，便会通过传染介质向外界环境扩散，特别是在当今网络如此发达的时代，风险信息会迅速地扩散。由于特大型工程项目的影响之大，其他主体也会接受这些风险信息，形成一定的恐慌心理，这些主体就演变成为观望者或者不满者，观望者随着受影响的程度增加也可能进一步转变成为不满者，进而影响周边的主体，由此就形成了特大型工程项目社会稳定风险扩散的传染性。

4. 特大型工程项目社会稳定风险扩散的免疫性

在传染病传播过程中，部分人由于具有抗体会形成免疫力，不会再受到传染病的感染。同样的，在特大型工程项目社会稳定风险扩散中，有些主体由于其知识结构比较完善、对特大型工程项目非常了解、心理承受能力较强等原因，不会受到社会稳定风险信息的影响，从而不会参与其传播扩散，成为特大型工程项目社会稳定风险的理性者，即对特大型工程项目社会稳定风险具有一定的免疫力。

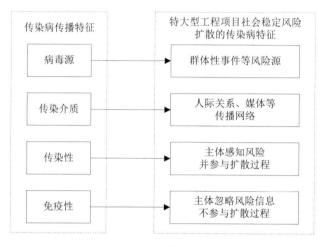

图 5-5　特大型工程项目社会稳定风险扩散的传染病特征

第三节　小世界网络上基于 SIR 的特大型工程项目社会稳定风险扩散模型

一、传染病模型的适用性

特大型工程项目社会稳定风险的扩散虽然具有一定的规律，但是扩散过程容易受到特大型工程项目的复杂性影响以及扩散网络的内部动态变化影响，会伴随着风险的相互影响、不断累积，进一步复杂了特大型工程项目社会稳定风险扩散过程。特大型工程项目社会稳定风险扩散网络与特大型工程项目多元主体冲突放大网络类似，也是一个多元主体，并受社会经济环境等外在系统影响的复杂网络，具有明显的小世界特征。因此，本书所构建的复杂网络上的传染病模型是基于小世界网络拓扑结构的，在小世界网络上研究特大型工程项目社会稳定风险的扩散。

特大型工程项目社会稳定风险的扩散具有传染病特征，其在社会网络中的扩散在扩散环境、扩散机理、扩散方向、扩散阶段等方面具有相似性。

1. 扩散环境

传染病是在社会网络中进行传播，其传染基础是人与人的接触，人类个体相当于社会网络的节点，人们之间的交流是传染的途径，相当于社会网络的边；而特大型工程项目社会稳定风险的扩散也是在各利益相关者等主体间扩散，相关主体即为节点，主体间的联系与交流即为边。因此，传染病的传播环境与特大型工程项目社会稳定风险的扩散环境相类似，都是在一类复杂网络中进行传播扩散。

2. 扩散机理

传染病的传播时病毒携带者通过与其他人接触进而感染他人，然后受到感染的人进一步传染给与其接触的人，其传播的基础是人之间的直接接触，病毒依附在人们的接触之上向外传播，这就是病毒扩散机理；而特大型工程项目社会稳定风险的扩散也类似，是相关主体感知社会稳定风险之后，将风险信息传递给与之具有联系的主体，通过这些主体进一步扩散给其他主体，进而波及整个社会，个体在网络中的位置与能力大小决定了社会稳定风险的传染性。因此，传染病的传播机理与特大型工程项目社会稳定风险的扩散机理相似。

3. 扩散方向

传染病的传播方向是辐射状的，并且是无向的；在特大型工程项目社会稳定风险的扩散过程中，各主体之间的关系虽然由于地位不同，具有一定的顺序特征，但是风险信息的扩散也是辐射状的，相互之间都能受到影响，不存在单向影响，即社会稳定风险的扩散也是无向的。因此，传染病的传播方向与特大型工程项目社会稳定风险的扩散方向也是相似的。

4. 扩散阶段

传染病的传播一般具有潜伏期、爆发期与恢复期等阶段，特大型工程项目社会稳定风险也同样具有一定的阶段。当风险信息刚刚扩散开来时，并不是所有主体都会成为不满者从而主动参与社会稳定风险的扩散，而是有一部分持观望态度，这时的社会稳定风险并不是十分严重，相当于潜伏期；随后由于群体性事件愈演愈烈，社会稳定风险会大规模爆发，最后由于各方处置等原因会逐渐消亡。因此，传染病的传播阶段与特大型工程项目社会稳定风险的扩散阶段也具有相似性。

综上所述，特大型工程项目社会稳定风险在社会网络上的扩散与传染病具有相似性，因此将小世界网络中的传染病模型引入到特大型工程项目社会稳定风险扩散研究中是十分合适的。

二、小世界网络上改进的传染病模型（SWN‑IMSR）假设

由于小世界网络与传染病模型的适用性，本书将在小世界网络拓扑结构下对传统传染病模型进行改进。基于传统的 SIR 模型，本书所要构建的小世界网络上特大型工程项目社会稳定风险扩散模型在以下几个方面进行了改进。

（1）相对于传统 SIR 模型的三类主体，本书将模型主体增加为四个类型。依据前文对特大型工程项目社会稳定风险扩散的主体分析，本书假设模型中的主体包括四类：无知者（Ignornant，简记为 I）、不满者（Malcontent，简记为 M）、观望者（Staggerer，简记为 S）与理性者

（Rational，简记为 R）。

（2）假设主体会因为时间的推移，存在着记忆功能与遗忘功能，观望者与不满者在不接触其他类型主体的情况下会自发地以一定的概率进行状态的转变，这被称为记忆机制与遗忘机制。

（3）假设主体接触到社会稳定风险后存在一个接受概率，考虑主体接受概率会受到风险信息量及风险的社会效应等外部影响，因此接受概率并不是固定的。

（4）假设特大型工程项目的社会稳定风险是在小世界网络拓扑结构下扩散，借鉴统计物理学中的平均场理论，在模型中考虑网络中节点度的影响，将小世界网络的平均度引入模型中。

如图 5-6 所示，表示了 SWN-IMSR 模型的风险扩散结构。依据前文对四类主体的分析，本书给出社会稳定风险的扩散规则。

（1）当无知者与不满者接触时，无知者受到不满者扩散社会稳定风险的影响，从而也参与社会稳定风险成为不满者的概率为 $p(x)$，称之为风险扩散概率。

（2）当无知者与不满者接触时，无知者受到不满者扩散社会稳定风险的影响但暂时既不扩散社会稳定风险也不明确拒绝，而是成为观望者的概率为 α，因为观望者只是暂时不进行社会稳定风险的扩散，因此我们称 α 为风险蛰伏率。

（3）当无知者与不满者接触时，无知者不会受到不满者扩散社会稳定风险的影响而拒绝扩散社会稳定风险成为理性者的概率为 β，我们称之为风险拒绝率。

（4）本书认为观望者是具有记忆功能的，随着接触风险信息的增多或者其他一些影响因素，其会自发地以一定的概率 θ 被唤醒成为不满者，我们称 θ 为风险苏醒率；同时，观望者在与不满者接触之后，观望者也会以概率 $p(x)$ 转变成为不满者。

（5）本书认为不满者是具有遗忘功能的，随着时间的推移，由于不满者情绪趋于平静等原因，其等会以一定的概率 σ 自发转变为观望者，暂时不参与社会稳定风险的扩散，我们称 σ 为风险冬眠率。

（6）当不满者与其他的不满者、观望者或理性者接触时，不满者由于受到其他主体的劝解等影响因素，会以概率 μ 转变为理性者，不再扩散社会稳定风险，我们称 μ 为风险消亡率。

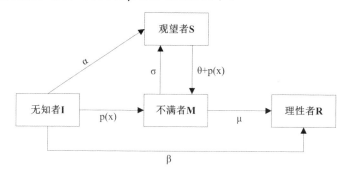

图 5 - 6　SWN - IMSR 模型的风险扩散结构

本书认为风险扩散概率不是一个固定值，而是与无知者接触到的不满者的次数有关系，借鉴文献中关于谣言接受概率的假设，本书考虑风险扩散率为：

$$p(x) = \left| (M - \rho) \, e^{(-|SI| \times (x-1))} - M \right| \qquad （式 5 - 1）$$

式 5 - 1 中，x 表示无知者累积接触到不满者的次数。M 为 SI 的函数，$|SI|$ 表示风险在社会中的放大或抑制的程度，当 $SI > 0$ 时，表示风险在社会中得到了放大，此时 M = 1；当 $SI < 0$ 时，表示风险在社会中得到了抑制，此时 M = 0。$\rho = p(1)$ 表示无知者首次接触不满者时的风险扩散概率。由此可以得到，当存在着风险的社会放大效应时，风险扩散概率可表示为：

$$p(x) = 1 - (1 - \rho) \, e^{(-|SI| \times (x-1))} \qquad （式 5 - 2）$$

当存在着风险的社会抑制效应时，风险扩散概率可表示为：

$$p(x) = \rho e^{(-|SI|\times(x-1))} \qquad (式5-3)$$

图5-7与图5-8分别表示了存在风险的社会放大效应与风险的社会抑制效应时风险扩散概率的变化曲线。

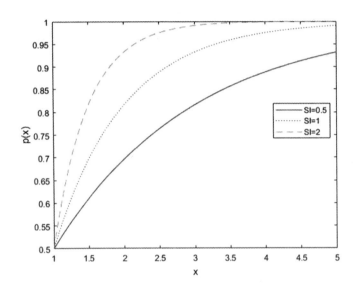

图5-7　存在风险的放大效应时风险扩散概率 p（x）的变化图

如图5-7所示，当存在风险的社会放大效应时，风险扩散概率随着接触到不满者次数的增多而增大，而且风险的社会放大程度越大，风险扩散概率增大得越快。此时因为存在风险的放大效应，无知者每接触一次不满者，其所感知到的风险越来越大，从而风险扩散概率变大。如图5-8所示，当存在风险的社会抑制效应时，风险扩散概率随着接触到不满者次数的增多而减小，而且风险的抑制程度越大，风险扩散概率减小得越快。此时无知者每接触一次不满者，由于存在风险的抑制效应，无知者会厌恶不满者所传递的风险信息，反而会随着接触次数的增多而更加不愿意参与风险扩散，因此风险扩散概率会降低。

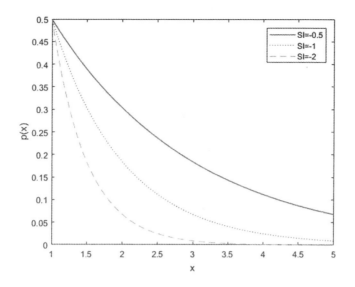

图 5 - 8　存在风险的抑制效应时风险扩散概率 p（x）的变化图

三、小世界网络上改进的传染病模型（SWN - IMSR）构建

在小世界网络中，$I(t)$、$M(t)$、$S(t)$、$R(t)$ 分别表示 t 时刻无知者、不满者、观望者、理性者的密度，依据给定的特大型工程项目社会稳定风险扩散规则，得到 SWN - IMSR 模型的动力学方程为：

$$\frac{dI(t)}{dt} = -[p(x) + \alpha + \beta]\langle k \rangle I(t)M(t)$$

$$\frac{dM(t)}{dt} = p(x)\langle k \rangle I(t)M(t) - \mu\langle k \rangle M(t)[M(t) + S(t) + R(t)]$$

$$- \sigma M(t) + \theta S(t) + p(x)\langle k \rangle S(t)M(t)$$

$$\frac{dS(t)}{dt} = \alpha\langle k \rangle I(t)M(t) + \sigma M(t) - \theta S(t) - p(x)\langle k \rangle S(t)M(t)$$

$$\frac{dR(t)}{dt} = \beta\langle k \rangle I(t)M(t) + \mu\langle k \rangle M(t)[M(t) + S(t) + R(t)]$$

其中 $I(t) + M(t) + S(t) + R(t) = 1$，$\langle k \rangle$ 表示小世界网络的平均度的大小。

由上式可得：

$$\frac{dR(t)}{dI(t)} = \frac{\beta\langle k \rangle I(t)M(t) + \mu\langle k \rangle M(t)[M(t) + S(t) + R(t)]}{-[p(x) + \alpha + \beta]\langle k \rangle I(t)M(t)}$$

$$= \frac{\beta\langle k \rangle I(t)M(t) + \mu\langle k \rangle M(t)[1 - I(t)]}{-[p(x) + \alpha + \beta]\langle k \rangle I(t)M(t)}$$

$$= \frac{(\mu - \beta)I(t) - \mu}{[p(x) + \alpha + \beta]I(t)}$$

进一步得到：

$$dR(t) = \frac{\mu - \beta}{p(x) + \alpha + \beta}dI(t) - \frac{\mu dI(t)}{[p(x) + \alpha + \beta]I(t)} \qquad (式5-4)$$

假设网络中总共存在 N 个主体，在社会稳定风险最开始爆发时，不满者只有一个，其余为无知者。则有：

$$I(0) = \frac{N-1}{N}, M(0) = \frac{1}{N}, S(0) = 0, R(0) = 0$$

特别的，当主体数量足够大时，$I(0) = \lim\limits_{N\to\infty}\frac{N-1}{N} = 1$。在特大型工程项目社会稳定风险扩散过程中，随着时间的推移，不满者的数量越来越多，然后逐渐减少至 0。此时，网络达到稳定状态，只存在无知者与理性者，令 $R(\infty) = R$，则 $I(\infty) = 1 - R(\infty) = 1 - R$，并代入式5-4进行积分，可得：

$$R = -\frac{\mu - \beta}{p(x) + \alpha + \beta}R - \frac{\mu}{p(x) + \alpha + \beta}\ln(1 - \beta)$$

整理可得到：

$$R = 1 - e^{-\frac{p(x)+\alpha+\mu}{\mu}R} \qquad (式5-5)$$

令 $\tau = \dfrac{p(x) + \alpha + \mu}{\mu}$，则式 5 - 5 改写为：

$$R = 1 - e^{-\tau R} \qquad\qquad (式 5 - 6)$$

对于 $\tau = \dfrac{p(x) + \alpha + \mu}{\mu}$，由于 $p(x) > 0, \alpha > 0$，所以 $\tau > 1$。令 $f(R) = R - 1 + e^{-\tau R}$，对其求导，可得 $f'(R) = 1 - \tau e^{-\tau R}$，$f''(R) = \tau^2 e^{-\tau R}$。由于 $f(0) = 0$，$f(1) = e^{-\tau} > 0$，且 $f'(0) = 1 - \tau < 0$，$f''(R)$ 恒大于 0，因此式 5 - 6 存在 0 与 R_s 两个解，且 $0 < R_s < 1$。这说明对于参数 $p(x)$、α、μ 而言，无论值为多少，网络达到稳定状态时，理性者的比例都存在两种可能情况，也就是说不存在一个扩散阈值。

上述分析表明，最终稳态时理性者的比例 R 是关于风险扩散率 $p(x)$、风险蛰伏率 α 与风险消亡率 μ 的一个函数，接下来我们分析最终稳态时理性者的比例 R 与风险扩散率 $p(x)$、风险蛰伏率 α 与风险消亡率 μ 的关系。

（1）最终稳态时理性者的比例 R 与风险扩散率 $p(x)$ 的关系

在式 5 - 5 中令 R 对 $p(x)$ 求导，可以得到：

$$\frac{dR}{dp(x)} = - e^{-\frac{p(x)+\alpha+\mu}{\mu}R} \Big[-\frac{p(x) + \alpha + \mu}{\mu} \cdot \frac{dR}{dp(x)} - \frac{R}{\mu} \Big]$$

简化后得到：

$$[1 - \tau e^{-\tau R}]\frac{dR}{dp(x)} = \frac{R}{\mu} e^{-\tau R}$$

由于在稳态时有 $1 - \tau e^{-\tau R} < 0$ 且 $\dfrac{R}{\mu} e^{-\tau R} > 0$，所以 $\dfrac{dR}{dp(x)} < 0$。说明 R 与 $p(x)$ 成反比关系，也即最终稳态时理性者的比例 R 随着风险扩散率 $p(x)$ 的增大而减小。

（2）最终稳态时理性者的比例 R 与风险蛰伏率 α 的关系

在式 5 - 5 中令 R 对 α 求导，可以得到：

$$\frac{dR}{d\alpha} = - e^{-\frac{p(x)+\alpha+\mu}{\mu}R}\Big[-\frac{p(x)+\alpha+\mu}{\mu} \cdot \frac{dR}{d\alpha} - \frac{R}{\mu} \Big]$$

简化后得到:

$$[1 - \tau e^{-\tau R}]\frac{dR}{d\alpha} = \frac{R}{\mu} e^{-\tau R}$$

由于在稳态时有 $1 - \tau e^{-\tau R} < 0$ 且 $\frac{R}{\mu} e^{-\tau R} > 0$, 所以 $\frac{dR}{d\alpha} < 0$。说明 R 与 α 成反比关系, 也即最终稳态时理性者的比例 R 随着风险蛰伏率 α 的增大而减小。

(3) 最终稳态时理性者的比例 R 与风险消亡率 μ 的关系

在式 5-5 中令 R 对 μ 求导, 可以得到:

$$\frac{dR}{d\mu} = - e^{-\frac{p(x)+\alpha+\mu}{\mu}R}\Big[-\frac{p(x)+\alpha+\mu}{\mu} \cdot \frac{dR}{d\mu} + \frac{p(x)+\alpha}{\mu^2} \cdot R \Big]$$

简化后得到:

$$[1 - \tau e^{-\tau R}]\frac{dR}{d\mu} = -\frac{[p(x)+\alpha]R}{\mu^2} e^{-\tau R}$$

由于在稳态时有 $1 - \tau e^{-\tau R} < 0$, $\frac{[p(x)+\alpha]R}{\mu^2} e^{-\tau R} > 0$, 所以 $\frac{dR}{d\mu} > 0$。说明 R 与 μ 成反比关系, 也即最终稳态时理性者的比例 R 随着风险消亡率 μ 的增大而增大。

综上所述, 特大型工程项目社会稳定风险扩散达到稳定状态时理性者的比例会随着风险扩散率 $p(x)$ 的增大而减小, 随着风险蛰伏率 α 的增大而减小, 随着风险消亡率 μ 的增大而增大。但是以上分析仅仅表明了在达到最终稳定状态时四类主体的比例, 无法显示各类主体在特大型工程项目社会稳定风险扩散过程中具体的变化规律, 而且这些分析也仅仅是一个定性分析, 无法解释特大型工程项目社会稳定风险扩散的过程, 因此需要进行进一步的研究。

第四节　仿真实验与分析

在构建了特大型工程项目社会稳定风险扩散的 SWN – IMSR 模型的基础上，为了更清楚地分析社会稳定风险扩散中主体的变化规律，解释特大型工程项目社会稳定风险扩散过程，需要进一步进行仿真研究，更加形象地分析其扩散过程。沿用第四章中的 NetLogo 仿真平台，我们需要确定仿真规则。特大型工程项目社会稳定风险扩散的 SWN – IMSR 模型在 NetLogo 仿真平台上的仿真规则有以下几个。

（1）首先生成一定节点数、平均度为 $\langle k \rangle$ 的 WS 小世界网络。节点数表示了整个特大型工程项目社会稳定风险扩散网络的主体个数，平均度表示了扩散网络中每个主体平均与 $\langle k \rangle$ 个个体有直接联系。扩散网络中节点的类型分为四类，分别是无知者 I、不满者 M、观望者 S 及理性者 R，节点颜色分别对应为黄色、红色、绿色以及灰色。

（2）初始状态下，假定不满者只有 1 个，其对当前状态极其不满，主动以各种方式来扩散社会稳定风险，设定其节点颜色为红色；其余所有节点均为无知者，表示暂时还未接触到相关社会稳定风险信息，设定其节点颜色为黄色。

（3）不满者将社会稳定风险相关信息传播与之相邻的无知者节点，与之相邻的无知者节点接收到相关社会稳定风险信息后，一部分主体会相信风险信息从而参与到社会稳定风险扩散中来，即会以概率 $p(x)$ 转变为不满者（节点颜色变为红色）；另一部分主体对于风险信息不能很好地判断，暂时处于观望状态，即会以概率 α 转变为观望者（节点颜色变为绿色）；还有一部分主体完全不相信这些风险信息，拒绝扩散社会稳定风险，即会以概率 β 转变为理性者（节点颜色变为灰色）。

（4）随着时间的推移，一部分观望者由于接触到更多的风险信息或由于其他一些因素开始相信风险信息，加入到社会稳定风险扩散中来，即会以概率 θ 自发转变为不满者（节点颜色变为红色）。

（5）当与观望者接触的主体是不满者时，一部分观望者会受这些不满者的进一步影响，即会以概率 $p(x)$ 转变为不满者（节点颜色变为红色）。

（6）随着时间的推移，一部分不满者由于过多地接触风险信息或者受到劝解等因素影响，会暂时持观望态度不参与社会稳定风险扩散中来，即以概率 σ 自发转变为观望者（节点颜色变为绿色）。

（7）当不满者周边存在着观望者、理性者或者其他的不满者时，由于外界干预因素的介入，一部分的不满者会受到影响慢慢转变为理想者，即会以概率 μ 转变为理性者（节点颜色转变为灰色）。

（8）当整个社会稳定风险扩散网络中无不满者时（不存在颜色为红色的节点），社会稳定风险扩散过程结束。

按照以上仿真规则，我们首先在 NetLogo 中生成 WS 小世界网络，并设定网络的初始状态，如图 5 - 9 所示。

在图 5 - 9 中，模型的相关初始参数在左侧，num - nodes 表示网络中节点的总个数，也即特大型工程项目社会稳定风险扩散网络中主体的总数量，rewiring - probability 表示生成 WS 小世界网络的随机重连概率 p，initial - malcotent 表示初始状态下整个扩散网络中不满者的个数，SI 表示扩散网络中风险的社会放大程度（仿真中我们假设风险在社会中得到了放大，因此设定 SI > 0），则风险扩散率 $p(x)$ 可以由式 5 - 2 得出，dormancy - probability 表示风险蛰伏率 α，rejection - probability 表示风险拒绝率 β，recovery - probability 表示风险苏醒率 θ，hibernation - probability 表示风险冬眠率 σ，extinction - probability 表示风险消亡率 μ，clustering - coefficient 表示生成的 WS 小世界网络的聚集系数，average -

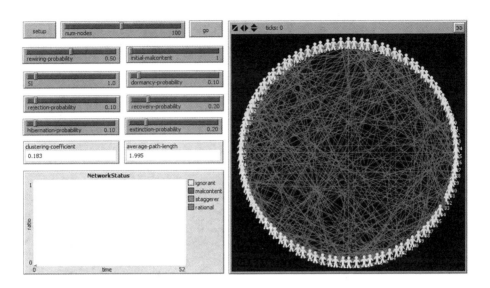

图 5 - 9   WS 小世界网络上 SWN - IMSR 模型仿真的初始状态

path - length 表示生成的 WS 小世界网络的平均距离。初始状态下，假设小世界网络重连概率 p = 0.5，整个网络中主体个数为 100，初始的不满者个数为 1，其余全部为无知者，风险的社会放大程度 SI 为 1，风险蛰伏率为 0.1，风险拒绝率为 0.1，风险苏醒率为 0.2，风险冬眠率为 0.1，风险消亡率为 0.2。在此初始状态下，运行模型，得到仿真结果如图 5 - 10 左下方及右方图的结果。从图左下方不同状态主体的变化趋势可以看出，一开始，特大型工程项目社会稳定风险扩散网络中不满者的数量迅速增加，无知者的数量急剧减少，整个扩散网络中同时存在着无知者、不满者、观望者、理性者四种状态主体。随着社会稳定风险在网络中的扩散，不满者个数在达到顶峰以后逐渐减少，理性者的个数逐渐增多，直至整个网络中传播社会稳定风险因素的不满者消失，只存在无知者与理性者，达到稳定均衡状态。此时，整个网络中理性者的个数为 88。

在前文小世界网络上改进的传染病模型分析中可知，网络均衡状态与风险扩散率、风险蛰伏率及风险消亡率相关，其中风险扩散率由风险的社会放大程度 SI 决定，因此通过调整参数 SI、dormancy - probability、extinction - probability 来仿真分析风险扩散率、风险蛰伏率及风险消亡率的变动对最终稳定状态的影响。

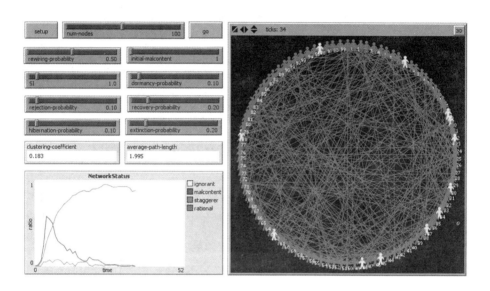

图 5 - 10　SWN - IMSR 模型各参数取初始值的仿真结果

（1）最终稳态与风险扩散率的关系

由式 5 - 2 可知，风险扩散率 $p(x)$ 由扩散网络中风险的社会放大程度 SI、无知者累积接触到不满者的次数 x 等参数决定，在仿真模型中，x 可由网络中与无知者有接触的不满者个数计算得出，因此主要考虑 SI 的变化对最终稳态的影响。由式 5 - 2 进一步可知，随着 SI 的增大，$p(x)$ 也随之增大。当 SI 取值分别为 2、3、4 时，模型仿真结果分别如图 5 - 11、图 5 - 12、图 5 - 13 所示。

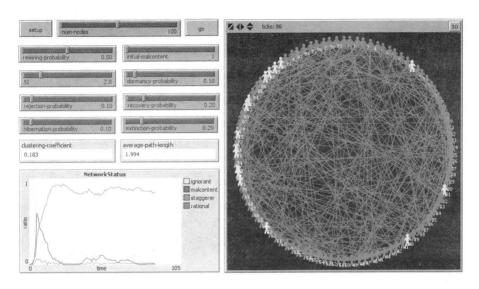

图 5 – 11　风险的社会放大程度 SI = 2 时 SWN – IMSR 模型的仿真结果

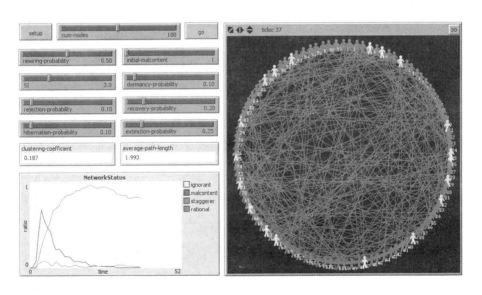

图 5 – 12　风险的社会放大程度 SI = 3 时 SWN – IMSR 模型的仿真结果

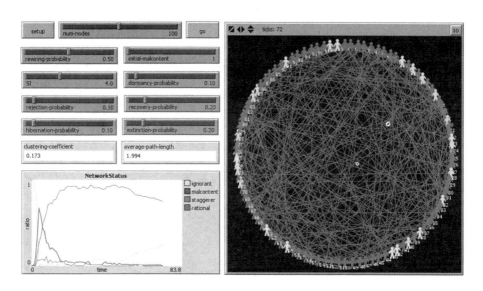

图 5 – 13　风险的社会放大程度 SI = 4 时 SWN – IMSR 模型的仿真结果

如图 5 – 11、图 5 – 12、图 5 – 13 所示，社会稳定风险在扩散网络中经过一段时间的扩散，最终达到稳定状态时只存在无知者与理性者，也即社会稳定风险扩散过程结束。在最终稳态时，理性者的最终个数分别为 84（SI = 2）、81（SI = 3）、76（SI = 4）。也即，随着风险的社会放大程度 SI 的增大，无知者受到社会稳定风险信息的影响而转变为不满足的风险扩散率 $p(x)$ 增大，最终稳态时扩散网络中理性者的比例逐渐下降，特大型工程项目社会稳定风险扩散更加猛烈。这与前文 SWN – IMSR 模型分析中得到的最终稳态时理性者的比例 R 随着风险扩散率 $p(x)$ 的增大而减小的结果一致。

（2）最终稳态与风险蛰伏率的关系

由前文分析可知，SWN – IMSR 模型最终稳态时理性者的比例 R 与风险蛰伏率 α 成反比关系，随着风险蛰伏率 α 的增大，理性者的比例 R 随之减小。初始状态时风险蛰伏率的取值为 0.1，最终稳态时理性者的个数为88。当风险蛰伏率 α 的值分别为0.2、0.3、0.4时（即仿真界面中 dormancy – probability 值分别为0.2、0.3、0.4时），仿真结果分别如图5 – 14、图5 – 15、图5 – 16所示。

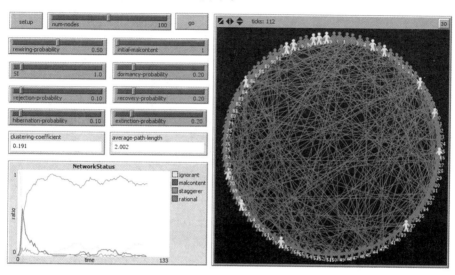

图 5 – 14 风险蛰伏率 α = 0.2 时 SWN – IMSR 模型的仿真结果

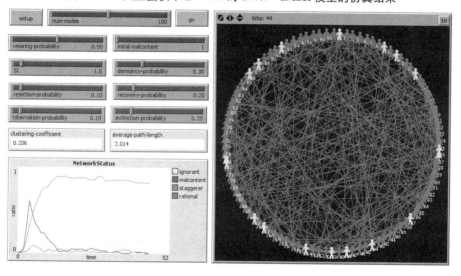

图 5 – 15 风险蛰伏率 α = 0.3 时 SWN – IMSR 模型的仿真结果

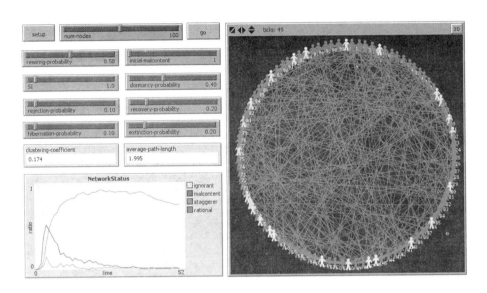

图 5-16　风险蛰伏率 α =0.4 时 SWN-IMSR 模型的仿真结果

　　如图 5-14、图 5-15、图 5-16 所示，社会稳定风险在网络中经过一段时间的扩散，最终达到稳定状态时只存在无知者与理性者，也即社会稳定风险扩散过程结束。在最终稳态时，理性者的最终个数分别为 85（α =0.2）、82（α =0.3）、75（α =0.4）。即，随着无知者受到影响暂时不参与社会稳定风险扩散而转变为观望者的风险蛰伏率 α 的增大，最终稳态时整个扩散网络中理性者的比例逐渐下降，风险扩散得更加猛烈，特大型工程项目的社会稳定风险更加严重。这与前文所构建的 SWN-IMSR 模型分析中得到的最终稳态时理性者的比例 R 随着风险蛰伏率 α 的增大而减小的结果一致。

　　（3）最终稳态与风险消亡率的关系

　　由前文分析可知，SWN-IMSR 模型最终稳态时理性者的比例 R 与风险消亡率 μ 成正比关系，随着风险消亡率 μ 的增大，理性者的比例 R 随之增大。初始状态时风险消亡率 μ 的取值为 0.2，最终稳态时理性者的个数为88。当风险消亡率 μ 的值分别为0.3、0.4、0.5时（即仿真界面中 extinction – probability 值分别为0.3、0.4、0.5时），仿真结果分别如图5 – 17、图5 – 18、图5 – 19 所示。

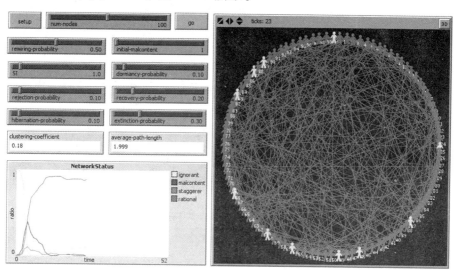

图5 – 17　风险消亡率 μ =0.3 时 SWN – IMSR 模型的仿真结果

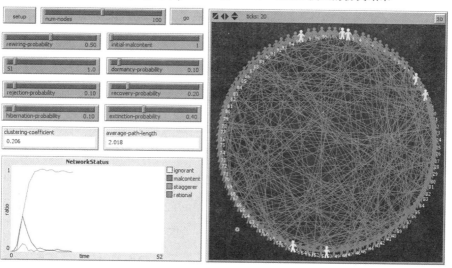

图5 – 18　风险消亡率 μ =0.4 时 SWN – IMSR 模型的仿真结果

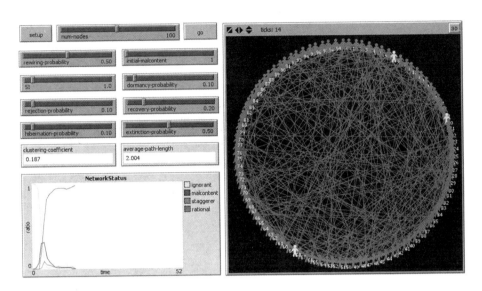

图 5 – 19　风险消亡率 μ = 0.5 时 SWN – IMSR 模型的仿真结果

在图 5 – 17、图 5 – 18、图 5 – 19 中更可以看出，特大型工程项目的社会稳定风险在扩散网络中经过一段时间的扩散，最终达到稳定状态时只存在无知者与理性者，也即社会稳定风险扩散过程结束。在最终稳态时，整个特大型工程项目社会稳定风险扩散网络中理性者的最终个数分别为 89（μ = 0.3）、93（μ = 0.4）、97（μ = 0.5）。即，随着不满者受到其他主体的影响或者利益诉求得到满足从而不再参与社会稳定风险的扩散的风险消亡率 μ 的增大，最终稳态时整个特大型工程项目社会稳定风险扩散网络中理性者的比例逐渐增大，社会稳定风险的扩散在网络中变得更加困难，特大型工程项目的社会稳定风险得到缓解。这与前文所构建的 SWN – IMSR 模型分析中得到的最终稳态时理性者的比例 R 随着风险消亡率 μ 的增大而增大的结果一致。

综上所述，我们发现风险扩散率 $p(x)$、风险蛰伏率 α 与风险消亡率 μ 的变动会影响特大型工程项目社会稳定风险扩散的最终稳态，并与前文分析基本一致。其中无知者受到不满者影响参与到社会稳定风险扩散过程中的风险扩散率 $p(x)$ 直接受到风险的社会放大程度 SI 的影响，SI 越大，风险扩散率 $p(x)$ 就越大，最终稳态时理性者的比例就越低。同样的，当风险蛰伏率 α 越大时，最终稳态时理性者的比例就越低。因此，为了有效干预特大型工程项目社会稳定风险的扩散，应该采取有效措施来降低特大型工程项目社会稳定风险扩散网络中风险的社会放大程度 SI 及风险蛰伏率 α，进而影响特大型工程项目社会稳定风险扩散过程，从而达到有效化解社会稳定风险的作用。另一方面，不满者受到其他主体的影响或者利益诉求得到满足从而不再参与社会稳定风险扩散的风险消亡率 μ 的增大会使得最终稳态时理性者的比例增大，因此在降低风险的社会放大程度 SI 及风险蛰伏率 α 的同时，也应该尽量增加特大型工程项目社会稳定风险扩散网络中的风险消亡率 μ，以期更好地控制特大型工程项目社会稳定风险的扩散。

第五节　本章小结

本章在分析型工程项目多元主体冲突放大对社会稳定风险影响的基础上，从主体、互动模式以及传染病特征三方面研究了特大型工程项目社会稳定风险扩散网络特征。基于小世界网络，从主体及传播规则等方面对传统的 SIR 模型进行改进，构建了小世界网络上的特大型工程项目社会稳定风险扩散模型，分析其稳态与各参数的关系。并在 NetLogo 仿真平台上进行了相关仿真研究，探讨风险的社会放大程度、风险蛰伏率及风险消亡率对社会稳定风险扩散的影响，得出相关结论，为后文建立特大型工程项目社会稳定风险扩散干预机制奠定基础。

第六章

特大型工程项目社会稳定风险治理机制研究

第一节　特大型工程项目社会稳定风险治理框架

1. 特大型工程项目社会稳定风险治理的内涵

通过梳理我国特大型工程项目群体性事件，发现有一个共同特征，即污染等影响尚未发生，公众就会以实际行动来抵制项目实施或者运行，引发社会稳定风险。在我国经济社会发展转型的关键时期，特大型工程项目导致的社会稳定风险频发，对人们造成了巨大的影响与危害。新时期特大型工程项目社会稳定风险的随机性、高危性和扩散性等特征使得传统的危机管理无法有效应对。近年来，面对越来越复杂的社会稳定风险，人们逐渐将关注的重心从应对突发事件转移至整体的风险防控与风险治理阶段，传统的应急管理模式逐步向"关口前移、预防为主"的风险治理转变。风险治理理论来源于国际风险治理理事会，其认为风险治理不仅仅是单向性、客观性和技术性的风险管理，而是基于不同的社会、经济、文化体系，全面考虑全社会对管理机构的信任度和公众的参与度，充分利用各利益相关者的人、财、物、技术等资源，协调不同的观点、目标和行为，以系统化的方式处理风险的决策。

因此，本书认为特大型工程项目的社会稳定风险治理是指围绕特大型工程项目产生的社会稳定风险，政府、项目法人、承包商、供应商、分包商、监理单位、设计单位、施工人员、当地群众、专家学者、社会公众、媒体、社会组织等诸多主体，对因各自利益诉求不同而产生的冲突问题进行协调，防范化解多元主体冲突放大下的社会稳定风险扩散问题，共同参与依法对特大型工程项目社会稳定风险的相关事务、相关组织进行规范和管理，最终实现公共利益最大化的过程，以达到社会稳定的目标。

2. 特大型工程项目社会稳定风险治理的目标和功能

特大型工程项目社会稳定风险治理的总体目标是特大型工程项目的相关主体协调配合，对特大型工程项目的社会稳定风险进行防范与化解，从而推动特大型工程项目的建设与区域社会经济的协调发展，发挥特大型工程项目的巨大社会经济效益。

特大型工程项目社会稳定风险治理，是一个由相互联系的冲突放大化解机制和风险扩散干预机制组成的复杂体系，其构建思路既要根据特大型工程项目社会稳定风险治理框架的功能需要，也要结合特大型工程项目社会稳定风险在复杂网络中形成与扩散的特征来考虑。其中特大型工程项目社会稳定风险的形成主要指主体冲突的放大阶段，而特大型工程项目社会稳定风险的扩散主要指因冲突放大产生的社会稳定风险在社会网络中进一步扩散的过程。因此，本书认为特大型工程项目社会稳定风险治理的目标在于一方面化解主体冲突的放大，另一方面是干预已形成的社会稳定风险在社会网络中进一步扩散。

特大型工程项目社会稳定风险治理框架具有宏微观层面的不同特性，不同层面所具有的功能和目标不是完全一致的。从宏观层面来看，特大型工程项目社会稳定风险治理框架要与项目所在地的社会发展规划、经济发展规划等结合，保证在防范和化解特大型工程项目社会稳定风险的同时，发挥特大型工程项目社会效益巨大的优势，推动当地社会经济发展。从微观层面来看，特大型工程项目社会稳定风险治理框架主要功能体现在两个方面，一是对关键利益相关者的利益冲突进行协调、化解关键主体间矛盾、尽力控制主体冲突放大引发社会稳定风险；另一方面是对已经因为主体冲突放大而形成的社会稳定风险进行干预，通过有效的干预机制来防范特大型工程项目社会稳定风险的扩散。

3. 特大型工程项目社会稳定风险治理的框架构建

特大型工程项目社会稳定风险的多元主体冲突放大仿真研究表明政府应该在加大对暴力抗争行为惩罚力度的同时，多多考虑受影响群众的意见，完善政府与当地群众的沟通渠道，以此减少关键主体的冲突。此外，特大型工程项目社会稳定风险的扩散过程仿真研究表明政府需要控制风险扩散复杂网络中的关键因素，例如风险扩散率、风险蛰伏率等，以此来干预社会稳定风险在复杂社会网络中的扩散。国内外经验表明，在不充分考虑民众参与、社会影响巨大的特大型工程项目建设过程中，关键主体的冲突及其引发的社会稳定风险在复杂社会网络中肆意传播扩散会对地区社会经济发展造成巨大破坏。这就要求我们在构建特大型工程项目社会稳定风险治理体系时，一定要综合考虑多元主体冲突放大及风险扩散两个阶段的治理，一方面引导当地群众主动参与到特大型工程项目社会稳定风险的治理中，形成多元主体合作共治的模式；另一方面，政府要加强公信力建设，提高风险信息透明度，加强对社会公众的舆情引导，以达到防范和化解特大型工程项目社会稳定风险的目的。

特大型工程项目社会稳定风险治理框架作用于"特大型工程项目利益相关者—特大型工程项目社会稳定风险因素"相互关系上，在确定特大型工程项目社会稳定风险的关键主体基础上，从特大型工程项目多元主体冲突放大与社会稳定风险扩散两个阶段来进行社会稳定风险治理，一方面有效控制关键主体的冲突放大，另一方面干预社会稳定风险的扩散。特大型工程项目社会稳定风险治理框架主要包括了关键主体间的冲突放大化解机制及多元主体冲突放大引发的社会稳定风险扩散干预机制。特大型工程项目的多元主体冲突放大化解机制包括了多元主体利益协调机制、以政府为主多方参与的多元主体合作共治机制、政府与新型媒体融合的舆论引导机制等；特大型工程项目的社会稳定风险扩散干预机制包括了舆情监测机制、信息公开机制、风险处置应对机制等。特大型工程项目社会稳定风险治理框架如图6-1所示。

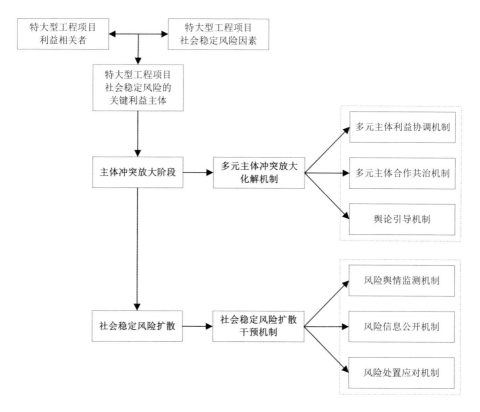

图6-1 特大型工程项目社会稳定风险治理框架

第二节　特大型工程项目的多元主体冲突放大化解机制

一、以治理目标为基础的多元主体利益协调机制

本书第四章中针对特大型工程项目多元主体冲突放大进行了仿真研究，结果表明了加大对暴力抗争行为的惩罚力度是减小特大型工程项目多元主体冲突的有效手段。单纯地加大对暴力抗争行为的惩罚力度在一定程度上可以遏制当地群众暴力抗争的行为，但是此为"治标"。只有将关键主体的利益协调好，从暴力抗争的源头来遏制主体冲突，才能"治本"。在特大型工程项目的多元主体中，各主体的权利地位不平等，有的主体较为强势，有的主体处于弱势，不同的主体有着不同的利益诉求，但最终目标的方向是一致的。因此，需要特大型工程项目的多元主体在一个统一的治理目标下开展利益协调，理顺和平衡各关键主体间的关系，构建一个以治理目标为基础的多元主体利益协调机制，化解特大型工程项目的多元主体冲突放大问题。所构建的以治理目标为基础的特大型工程项目多元主体利益协调机制如图 6 - 2 所示。

1. 促进多元主体之间的利益协商

特大型工程项目多元主体之间的利益协商是多元主体利益协调机制的前提，利益协商能够促使各主体达成最大程度的利益共识。当前，我国特大型工程项目社会稳定风险治理多元主体之间的利益协调处于非正常化的低水平状态，主体间的利益协商存在着临时性、不平等、不规范等特点。为了解决这些问题，有必要促进多元主体之间的利益协商来完善利益协调机制。首先，应当建立特大型工程项目多元主体利益协商的指导原则。要想发挥多元主体利益协调机制的作用，就需要激发各主体

特大型工程项目社会稳定风险的治理目标

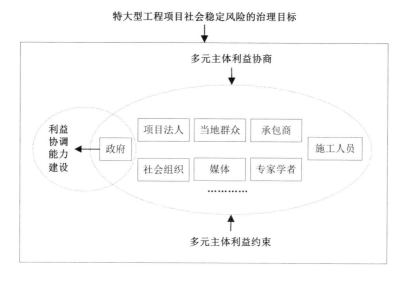

图6-2　以治理目标为基础的多元主体利益协调机制

参与利益协商的积极性。从实际情况来看，各主体对自身合法利益的诉求是参与利益协商的原动力，当利益目标一致时，各主体会形成合力推动利益协商的实现，反之则会阻碍利益协商的进程。为了有效减少各主体间的利益冲突形成各主体一致的利益目标，就需要确定一个明确的指导原则，包括了利益协商的条件、程序、规则、方向，等等。其次，对利益协商的对象进行规范化。对于确实需要多元主体共同参与的事项应当明确，而对于一些不需要进行多元主体利益协商的可以通过快速表决迅速形成统一意见，以此节省利益协商的成本。此外，特大型工程项目多元主体之间的利益协商应当重视政府协调各主体的核心地位，在统一的指导原则下，要充分发挥政府主体的协调作用。

2. 加强政府利益协调能力建设

在特大型工程项目多元主体冲突治理中，政府要转变固有观念，明确其角色定位，发挥政府主导作用，加强利益协调能力建设，为特大型工程项目的多元主体利益协调制定规则，确保各类主体在既定规则下参与利益协调。政府利益协调能力主要体现在政府站在宏观调控的高度，集中调配相关物力、人力、财力做好全局部署，将自身利益置于主体利益冲突之外，真正做到公开、公平、公正的协调主体冲突，发挥主体引导作用。就中国目前的特大型工程项目管理现状而言，政府利益协调能力建设的关键在于形成统一的利益协调机构。当前中国特大型工程项目多元主体冲突协调的任务分散于多个政府相关部门，协调效率低下，作为一种多元主体利益协调发展的未来趋势，有必要建立起一个统一的利益协调机构，将特大型工程项目多元主体冲突利益协调中分散的职责科学地整合，实现政府对特大型工程项目多元主体冲突利益协调全过程管控的目的。具体来说，一方面需要国家相关部门通过法律法规的形式来对特大型工程项目多元主体利益协调的工作职责进行明确划分，避免"多头管理"情况的出现，提高利益协调效率。另一方面，加强特大型工程项目直接管理方利益协调的综合能力，因为特大型工程项目的直接管理方往往是多元主体冲突的核心焦点，加强其利益协调综合能力建设，有助于在多元主体冲突的第一线化解利益冲突。

3. 完善多元主体间利益约束机制

在特大型工项目社会稳定风险的多元主体利益诉求不一致，而且各主体存在信息不对称问题，容易引发少量主体通过各种手段谋求非正当利益，进一步造成利益冲突，扰乱社会秩序。在这些主体中，无论是政府、项目法人、当地群众、社会公众等，都可能存在不合理不正当的利益诉求，再加上目前利益协调机制的不完善，使得各种利益冲突现象频发，因此有必要完善特大型工程项目多元主体间利益约束机制，针对不同主体可能存在的利益冲突行为进行约束。特大型工程项目多元主体利益约束机制应当包括两个方面，一方面需要完善内部利益保障机制和外部利益平衡机制，保障当地群众、社会公众等相对弱势群体的正当利益不受损害，充分调动这些主体参与特大型工程项目多元主体利益协调机制；另一方面，通过法律法规手段及舆情监测手段，防止当地群众、社会公众、新闻媒体等主体为了自身利益而故意放大多元主体间的利益冲突，对特大型工程项目的稳定发展造成不利影响。从政府角度来说，作为特大型工程项目多元主体利益协调的关键主体，首先，应当加强对各相关主体逐利行为的政策约束；其次，应当强化对各相关主体逐利行为的制度约束；最后，应当注重外部利益相关者对各相关主体逐利行为的监督约束。

二、政府为主、多方参与的多元主体合作共治机制

通过仿真分析知道，政府单纯认为维稳支出较小而轻易地选择强硬控制策略会使得均衡较难达到，不能较好地处理多元主体冲突放大。此时，政府除了考虑维稳支出之外，还应当充分考虑当地群众等其他主体的意见，让当地群众等其他主体也参与到特大型工程项目多元主体冲突放大的化解机制中，形成多元主体合作共治局面，可以有效地化解特大型工程项目的多元主体冲突放大问题。

多元主体合作共治不同于以往政府自上而下运用权力来进行管理，而是一种上下互动、多方合作的管理模式，政府与当地群众等其他主体不再是单纯的管理与被管理的关系，强调的是各类主体可以通过平等协商来化解矛盾与冲突。与多元主体利益协调机制是以治理目标为基础一样，多元主体合作共治机制首先要以治理目标为基础，形成政府与当地群众等其他主体合作治理的动力，为实现共同的治理目标而努力；其次是要增强政府与当地群众等其他主体之间的信任度，因为在合作治理中主体之间的信任度越高，达成合作的概率就越大；最后，各主体也要提高自身合作治理的能力，为多元主体合作共治打下坚实的基础。在特大型工程项目多元主体冲突化解的多元主体合作共治中，虽然政府主体的

作用相较于以往有所减弱，但其仍然是多元主体合作共治的基础，其他主体都要以政府的引导或者指导为主来参与多元主体合作共治。依据当地群众等其他主体参与多元主体合作共治的成熟度，可以将特大型工程项目多元主体冲突的多元主体合作共治分为三个阶段：政府主导—公众参与、政府引导—社会组织参与、政府与社会组织共同指导—公众参与，如图 6 - 3 所示。

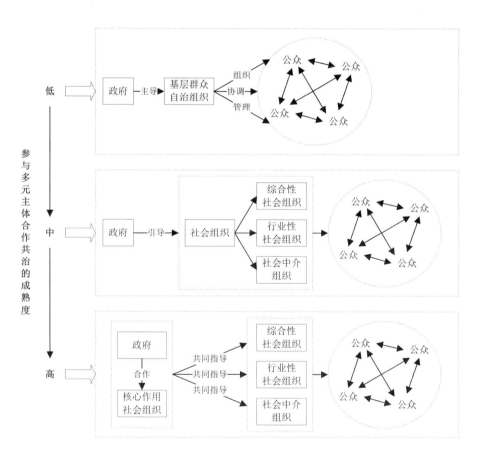

图 6 - 3　政府为主、多方参与的多元主体合作共治机制

1. 政府主导—公众参与

在当地群众等主体参与多元主体合作共治成熟度较低的阶段，公众的组织化程度较低，基本上以个人身份参与。在此情境下，公众是否积极参与化解特大型工程项目多元主体冲突主要是由其自身利益损失风险大小来决定的，同时政府比较容易忽视单个公众参与的重要性。从以往的特大型工程项目多元主体冲突发生案例中看，缺乏公众参与渠道、信息不对称等容易造成多元主体冲突的放大。在政府主导—公众参与的形式下，化解特大型工程项目多元主体冲突的特点是由政府主导、社会公众以非组织化的形式来参与多元主体合作共治。一方面政府把有关特大型工程项目建设的相关信息发布通告，通知到社会公众中的每个个体，使其详细了解特大型工程项目建设目的、内容和运行规划等；另一方面，对于特大型工程项目建设的多元主体冲突，政府要公开听取社会公众的意见。在政府主导—公众参与的形式中，公众除了以个人身份参与外，主要借助基层群众自治组织进行参与。从目前全国特大型工程项目建设所涉及的区域来看，绝大部分存在以村民（居民）委员会为单位的群众基层自治组织，我国这种基层治理的特点有助于构建政府主导—公众参与的多元主体合作共治机制。如图 6 - 3 所示，在这一阶段，政府居于主导地位，基层群众自治组织依据属地原则，组织、协调、管理公众有序参与特大型工程项目多元主体冲突放大的多元主体合作共治。这种形式是在当地群众等其他主体参与成熟度较低的情况下最有效率的方式，也是目前国内大部分特大型工程项目多元主体冲突化解中所采用的形式。

2. 政府引导—社会组织参与

在当地群众等主体参与多元主体合作共治成熟度处于中等的阶段，政府应当引导社会组织参与进来。在此情境下，当地群众等其他主体的参与意愿、能力以及经验都得到了一定程度的提升。社会公众的公民意识慢慢强烈起来，更加地关注公共事务。政府引导—社会组织参与的特点在于由政府引导社会组织全面参与特大型工程项目多元主体冲突的多元主体合作共治过程，通过与社会组织合作，听取社会公众的意见，而社会公众委托社会组织代表其参与多元主体合作共治，并对社会组织进行监督，实现参与的权利。一方面，社会组织参与可以有效弥补社会公众参与多元主体合作共治不足的缺陷，社会组织也不仅仅局限于村民（居民）委员会等基层自治组织，还有很多与特大型工程项目及项目所在地社会系统相关的综合性社会组织、行业性协会、社会中介组织等社会自发性群众团体，社会公众拥有了更为专业的合作共治组织平台。另一方面，社会组织处于自身特殊利益，可能出现对政府和社会公众反馈不完全的问题，这就需要政府加强有效引导。目前在其他领域，政府为促进社会组织的有序发展，已经出台了《关于改革社会组织管理制度促进社会组织健康有序发展的意见》等法律法规，加强对相关社会组织的引导。总而言之，采用政府引导—社会组织参与的多元主体合作共治可以有效区分社会公众利益与社会组织自身特殊利益，从而可以最大限度地保证特大型工程项目多元主体冲突的多元主体合作共治机制的效果。

3. 政府与社会组织共同指导—公众参与

随着社会公众、社会组织参与多元主体合作共治成熟度的提高，作为社会公众的代表，相关社会组织的功能与结构日趋完善，社会组织已经不能满足于单纯地从政府主体获取信息，而是希望参与到政府、社会组织、社会公众等多元主体互动中，通过积极参与交流来替社会公众表达利益诉求。同时，政府主体等管理部门也已经正确认识到社会组织及社会公众参与多元主体合作共治的重要性，这种情形下可以采用政府与社会组织共同指导—公众参与的模式。这种模式的特点在于政府与社会组织在此过程中共同起到指导作用，吸引公众参与到特大型工程项目多元主体冲突多元主体合作共治中。政府主体通过与社会组织合作，建立起以社会组织主导的社会公众协同参与机制，授权专业性较强的社会组织代表社会公众参与到多元主体合作共治中，此过程中共享信息、相互信赖，通过利益协商实现两者的协同合作。这些与政府共同指导社会公众参与的社会组织具有枢纽作用，一方面通过整合资源、建立桥梁、积极宣传等手段，充当政府与当地群众在多元主体合作共治中的"中介"；另一方面，由于社会组织是具有统一价值共识的合作机制，发挥价值指导功能，提前疏导社会公众使其形成统一的利益诉求，发挥自身作用防范和化解特大型工程项目中的利益冲突。

三、政府与新型媒体融合的舆论引导机制

互联网时代的到来，特别是各种移动通信技术的发展促进了信息传播的碎片化，社会中各类主体可以自由地发表言论，与此同时，也为各类风险信息的传播扩散提供了方便。在特大型工程项目多元主体冲突放大过程明显存在着"蝴蝶效应"，是各主体的多种力量因子相互制衡、相互妥协的结果，由于主体利益诉求的不同导致影响多元主体冲突的因素很多，任何细微的变化都可能影响冲突放大的结果。特大型工程项目多元主体冲突的舆论热点生成与传播机制如图6-4所示，各主体具有不同的利益诉求，利益冲突的出现会引来相关媒体及社会公众的关注与报道，随着事件热度的上升，各类主体在线上线下"围观讨论"，形成了关于利益诉求的舆论聚合。进一步地，随着传统媒体、新媒体、自媒体的互动，舆论进一步发酵，特大型工程项目的多元主体冲突也随之放大。最后，随着时间的推移及相关处理措施的实施，舆论热点逐渐消散平息。

2019年1月习近平总书记在省部级主要领导干部坚持底线思维着力防范化解重大风险专题研讨班开班式上的重要讲话指出"要持续巩

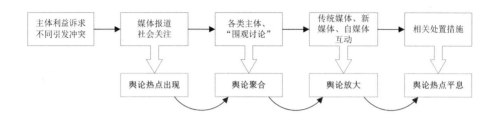

图 6 – 4　特大型工程项目多元主体冲突的舆论热点生成与传播机制

固壮大主流舆论强势，加大舆论引导力度"。在第四章仿真分析中我们知道政府应当加强对处于核心地位且拥有较多社会关系的个体的引导，通过引导这些关键节点的舆论，为整个社会网络的利益诉求舆论传播指明方向。以往的实践表明，这些关键的节点往往是具有权威性的媒体、"大 V"等，发挥他们的关键舆论引导工作对于化解特大型工程项目多元主体冲突具有关键的作用。在中国目前的特大型工程项目多元主体冲突舆论热点生成与传播机制下，单纯依靠政府及传统媒体"发声"的舆论引导已经过时，必须融合自媒体等新型媒体，发挥其舆论引导作用。

1. 政府及时公开特大型工程项目多元主体冲突信息，掌握舆论先机

在当前信息传播媒介复杂化、信息传播渠道多样化、信息传播速度高速化的背景下，政府不能通过封锁特大型工程项目多元主体冲突的相关信息来化解舆论问题，必须公开透明地发布相关信息，这样社会公众就不会妄加揣测，同时也可以建立起政府的权威性。面对多元主体冲突事件，做好舆论的回应是关键。在中国传统政务媒体承担着代表政府发声的责任，特别是在各种突发事件上，起到了关键的作用。政府应当指导新型媒体与传统政务媒体融合，一方面发挥传统政务媒体的公信力，及时动态地发布相关信息，回应社会关注关切的相关问题。另一方面，

传统的政务媒体存在着传播信息速度低于新媒体的弊端，如果引导不善，反而会对社会公众造成负面作用。此时，要发挥新型媒体的优势，引导其用公正、真实的态度与社会公众交流，开创新的舆论引导局面，掌握舆论先机，化解特大型工程项目多元主体冲突。

2. 培养主流媒体的"舆论领袖"

在新媒体时代，社会网络中处于核心地位且拥有较多社会关系的个体发表言论对社会公众的影响较大，非常容易引导人们的判断。当前新媒体平台上的一些"大V""网红"流量巨大，这些主体通常个体观点鲜明，对舆论问题反应迅速，不仅作为相关信息的"中转站"，还可以对社会公众等受众的信息接受产生影响，在舆论传播过程中具有强大的号召力，因此，应当重视这些意见领袖在舆论传播过程中的作用，积极获取他们的支持。在特大型工程项目多元主体冲突中，加强对这些关键节点的引导，遇到特大型工程项目多元主体冲突事件时，利用他们以柔性的方式代表政府"发声"，让社会公众可以与这些主体平等友好地交流想法。同时，培养政府与新媒体融合下的"舆论领袖"，让更容易被社会公众认可的意见领袖与受影响的群众进行交流，传递正确的思想，疏导受影响群众以合理合法的方式表达利益诉求，缓和多元主体冲突。

3. 重视民间舆论场的力量

新闻传播学中认为社会中存在两个舆论场，一个是以官方促成并控制的舆论场，代表着当权者的意志，具有一定的权威性；另一个是在民间形成并在社会公众中自然存在的舆论场，代表的是社会公众的意志，虽然不具备权威性，但通过社会公众的口口相传汇聚着民心民意，在社会公众中具有较大的影响力。在新媒体时代，社会公众接受和传播信息的活动出现了新的特点，社会公众不再仅仅依靠媒体来接收信息，而是将媒体作为平台，表达自己的利益诉求。在特大型工程项目多元主体冲突中，主体利益诉求在官方舆论场与民间舆论场中同时发酵，两者相互作用，共同对特大型工程项目多元主体冲突放大产生影响。因此，要积极适应新时代的舆论生态环境，重视民间舆论场的力量，改变舆论引导的单向性，促进特大型工程项目多元主体冲突舆论热点事件中的主体间的效沟通和交流。政府与主流媒体可以在新媒体传播平台上了解社会公众对特大型工程项目多元主体冲突舆论热点事件的意见和想法，根据具体利益诉求主动设置利益诉求表达议题，既满足了社会公众的知情权，又可以及时了解到社会公众在不同阶段的利益诉求，从而可以更好地科学引导舆论，发挥民间舆论场的积极引导作用。

第三节　特大型工程项目的社会稳定风险扩散干预机制

一、社会稳定风险舆情监测机制

特大型工程项目的社会稳定风险具有随机性、高危性、突发性和扩散性等特征，复杂了其传播扩散过程，也复杂了其对地区社会稳定的冲击。特大型工程项目社会稳定风险的扩散过程实质是相关风险信息在社会中传播，形成了舆论热点，进一步在相关主体之间扩散。为了有效防范特大型工程项目的社会稳定风险扩散，需要对相关的社会稳定风险舆情进行监测。构建特大型工程项目社会稳定风险舆情监测机制是对特大型工程项目社会稳定风险治理的重要手段，目的是通过相关手段监测特大型工程项目多元主体利益冲突引发的社会稳定风险舆情变化，提前对特大型工程项目的社会稳定风险扩散进行干预，最大限度地降低风险损失，维护地区社会稳定发展。特大型工程项目的社会稳定风险舆情监测机制包括了顶层设计、资源整合、技术支撑等方面，如图6-5所示。

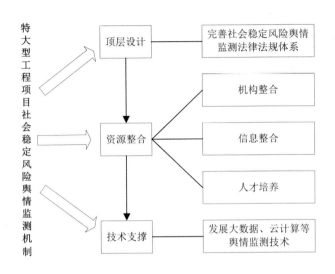

图 6 - 5 特大型工程项目社会稳定风险舆情监测机制

1. 加强顶层设计，推进社会稳定风险舆情监测相关法律法规建设

特大型工程项目社会稳定风险的舆情监测是否对防范和化解特大型工程项目社会稳定风险有效，很大程度上取决于相关法律法规是否完善。因为如果没有完善的法律法规作为基础，社会稳定风险的舆情监测是难以让社会公众信服的，也容易引起新的社会稳定风险。因此，构建特大型工程项目社会稳定风险舆情监测机制的首先任务是要加强顶层设计，推进相关舆情监测法律法规的建设。首先，要理顺目前各级政府及其他相关机构关于舆情监测的法律、法规、政策及文件，剔除不再适应新时期舆情监测的相关部分，组织论证适当增加新形势下迫切需要解决的部分，完善现有社会稳定风险舆情监测法律法规体系。其次，完善舆情监测的法治规则，做到各类主体在社会中传播信息时有法可依，也使政府相关执法监督部门在执法过程中依法行政，这样才能使群众信服，同时也保障了人民的言论自由。最后，在当前互联网迅猛发展的新形

势下，要充分意识到网络舆情的重要性，在《中华人民共和国网络安全法》等相关法律基础上，进一步在司法层面上加强司法解释与司法普及，以降低网络舆论对特大型工程项目社会稳定风险舆情监测的影响。

2. 加强社会稳定风险舆情监测的相关资源整合

作为特大型工程项目社会稳定风险舆情监测的主体，政府相关部门在舆情监测中应该整合相关资源，统筹规划解决目前舆情监测职能部门过多的突出问题，做出科学高效的制度安排。在中国目前的现行体制下，宣传部门、公安部门、网信部门等都具有舆情监测的功能，可以整合这些部门的舆情监测职能，通过设立专门的协调机构来负责社会稳定风险舆情数据整合与分析等工作，减少各部门之间的低效重复工作。其次，依托目前迅猛发展的大数据等相关技术，充分整合现有信息资源，对相关舆情爆发事件的信息进行挖掘、保存、追踪，并与社会中其他智能化信息资源相结合，挖掘舆情热点的关键信息，从而发挥资源整合的强大优势。最后，尽管目前舆情监测有较为先进的软硬件配套设施，但使用这些的关键在于人，因此应当加强专业舆情监测人才培养，提升社会稳定风险舆情监测效率和准确度。

3. 加强大数据技术等社会稳定风险舆情监测技术的发展

特大型工程项目社会稳定风险的相关因素众多且关系复杂，在社会中传播扩散具有海量的信息，对其进行监测需要对大量的信息进行浏览、查找、筛选等，这都离不开相应的技术手段。目前，国内已有大量的技术公司、科研院所在开发舆情监测、分析、预警相关产品，政府应当大力扶持，加大投入，加快大数据、云计算等社会稳定风险舆情监测技术的发展，与各类公共资源数据库进行衔接，形成全面准确、安全可靠的社会稳定风险舆情监测数据库，开发高质量的社会稳定风险舆情监测产品，提升特大型工程项目社会稳定风险舆情监测的技术水平，为防范和化解特大型工程项目社会稳定风险扩散提供技术支撑。

二、社会稳定风险信息公开机制

由第五章仿真分析可知，风险的社会放大程度 SI 及风险蛰伏率 α 对特大型工程项目社会稳定风险的扩散有着重要影响，减小风险的社会放大程度 SI 及风险蛰伏率 α 可以有效控制特大型工程项目社会稳定风险的扩散。特大型工程项目社会稳定风险的复杂性使得风险信息资源的获取尤为重要，政府及时发布相关风险信息，减少信息不对称的情况对于干预社会稳定风险的扩散有至关重要的作用。在特大型工程项目社会稳定风险扩散过程中，信息不对称的减少可以显著地影响风险的社会放大程度 SI，当信息不对称减少时，政府的公信力可以得到提升，各主体对政府相对比较信任，因此风险的社会放大程度 SI 将会减小；同时，信息不对称情况的减少也使得人们更加倾向于拒绝社会稳定风险信息，从而降低了风险蛰伏率。政府作为信息资源的主要拥有者，有责任和义务在特大型工程项目社会稳定风险爆发时履行信息公开职能，保障社会公众的知情权。因此，对特大型工程项目社会稳定风险扩散进行干预的重要手段之一是构建完善的信息公开机制，如图 6-6 所示。

1. 增强社会稳定风险信息公开制度建设的科学性

2007 年 11 月开始施行的《中华人民共和国突发事件应对法》和 2008 年 5 月开始施行的《中华人民共和国政府信息公开条例》是我国政府信息公开的法律基础，也是在面临特大型工程项目社会稳定风险扩散时指导其工作的准则。但这两者的适用范围过于宽泛，再加上特大型工程项目社会稳定风险本身的随机性及其扩散过程的复杂性，政府在特大型工程项目社会稳定风险信息公开过程中遇到了诸多困难，社会公众的认可程度较低。虽然此后政府又出台了《突发事件应急预案管理办法》等相关法规文件，但都不足以有效指导特大型工程项目社会稳定

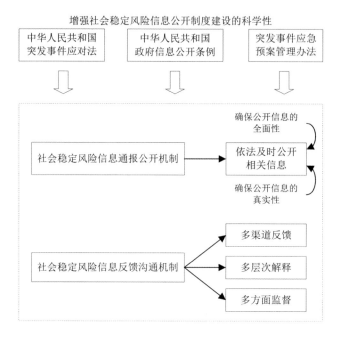

图6-6 特大型工程项目社会稳定风险信息公开机制

风险信息公开工作。因此，应当在深入研究的基础上制定适合于特大型工程项目社会稳定风险信息公开的相关制度，增强其制度建设的科学性，提升社会公众对于政府社会稳定风险信息公开的认可度。

2. 建立社会稳定风险信息通报公开机制

特大型工程项目社会稳定风险开始扩散后，大量社会公众无法了解事件的全部真实信息，经常会受到相关"谣言"的影响，对政府处置特大型工程项目社会稳定风险造成负面影响，激化社会矛盾。此时，最好的办法是加强信息公开，建立健全社会稳定风险信息通报公开机制。在社会稳定风险爆发的第一时间就快速搜集事件的发生、处置等相关信息，并依法及时地向社会公开。同时，也要加快社会稳定风险信息处理速度，形成特大型工程项目社会稳定风险处置方案，并随着事态发展一步一步地及时公布，不能等到事件结束后才统一公布。在特大型工程项目社会稳定风险信息通报公开机制中，应当特别强调信息公开的及时性，并要确保信息的全面性和真实性，避免报喜不报忧的情况出现，以免降低政府公信力，无法有效干预特大型工程项目社会稳定风险的扩散。

3. 建全社会稳定风险信息反馈沟通机制

在特大型工程项目社会稳定风险扩散的干预中，政府信息公开至关重要，而政府对于社会稳定风险信息的反馈沟通是其中的关键之一。若政府的回应不当，极易引发新一轮的猜测和质疑，加剧特大型工程项目社会稳定风险的扩散。目前我国各级政府的信息化水平得到了明显提高，各级政府一把手的信箱、留言板等都为社会公众提供了反馈沟通的渠道。但是在特大型工程项目社会稳定风险爆发后，这些渠道的低效无法满足社会公众的需求，应当对接舆情监测体系，建立多渠道信息反馈沟通机制。在信息公开后，社会公众可以有合理合法渠道反馈意见，政府有关部门也要及时地对提出异议的社会公众从不同层次给予解释，确保公开的相关风险信息得到各类型社会公众的认可，破坏"谣言"传播的土壤。此外，在风险信息反馈沟通中，要接受社会公众多方面的监督和投诉并妥善处理，以此提高特大型工程项目社会稳定风险信息公开机制的作用。

三、社会稳定风险处置应对机制

当特大型工程项目的社会稳定风险爆发后，舆情监测机制与信息公开机制能在一定程度上缓解社会稳定风险的扩散，但当其真正扩散开后，需要一套完善的社会稳定风险处置应对机制。在特大型工程项目的社会稳定风险爆发后，完善的风险处置应对机制可以作用于已经受到风险信息影响的相关主体（即不满者），加速其向观望者与理性者的转变，加大其风险消亡率。由前文仿真分析可知，达到特大型工程项目社会稳定风险扩散最终稳态时理性者的比例随着风险消亡率的增加而增大，即风险消亡率的加大可以有效缓解社会稳定风险的扩散。在宏观层面上，社会保障体系的完善与经济补偿机制的有效都可以有效增大风险消亡率，而在微观层面上，风险谣言控制与对受影响群众的心理疏导能力的增强也可以有效地增大风险消亡率。因此，本书所构建的特大型工程项目社会稳定风险处置应对机制包括了宏观层面与微观层面两个方面，如图6-7所示。

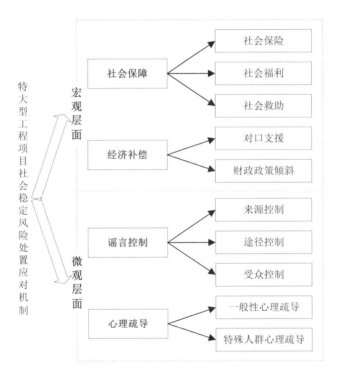

图6-7　特大型工程项目社会稳定风险处置应对机制

1. 宏观层面：加强地区社会保障与经济补偿

从宏观层面上来讲，特大型工程项目建设所在地区社会保障体系的完善对于社会稳定风险的处置应对有着重要的作用。在社会系统理论中，社会管理系统、社会生产系统与社会保障系统组成了社会系统，社会保障系统是联结社会生存系统与社会管理系统的"稳定器"，对保障地区社会发展与社会稳定有重要作用。社会保险、社会福利、社会救助等在我国社会保障体系中占有举足轻重的地位，也是社会保障体系的核心。当特大型工程项目开始建设后，加强社会保险、社会福利、社会救助等社会保障体系的建设可以在一定程度上缓解受影响群众的抵触心理，进而有利于社会稳定风险爆发后对其进行化解、转移和分散，有效地干预社会稳定风险的扩散。

另一方面，国内外研究普遍认为经济利益的不平衡是引发特大型工程项目社会稳定风险的主要原因，加强对受特大型工程项目影响的地区与当地群众进行经济补偿是解决经济利益不平衡的重要手段。特大型工程项目的建设在一定程度上对原有经济活动进行了破坏，带来了"产业空心化"等问题，虽然也产生了一些新的经济活动，但仍然无法弥补受影响群众的经济利益。因此，在特大型工程项目社会稳定风险处置应对机制中，应当采取"对口支援""财政政策倾斜"等方式加强对受影响地区与群众的经济补偿，尽快恢复由于特大型工程项目建设而被破坏的经济体系，推动地区社会经济发展，提高受影响地区群众的收入水平，这对于特大型工程项目社会稳定风险扩散的干预可以起到积极作用。

2. 微观层面：强化风险谣言控制与心理疏导

特大型工程项目社会稳定风险扩散过程中会伴随着各式各样的谣言，这些谣言对社会稳定风险的扩散起到了催化的作用。这些谣言会引发社会公众的不安情绪，使人们的判断力出现偏差，成为社会稳定风险扩散中的不满者主体，参与到社会稳定风险扩散中。因此，在微观层面上应当强化对社会稳定风险谣言的控制能力，降低谣言传播对社会造成的破坏。首先，需要对谣言的来源进行控制，结合社会稳定风险舆情监测机制，从源头上对相关谣言进行处置，提前做出预期；其次，强化对谣言传播途径的控制，在特大型工程项目社会稳定风险爆发后，加强对社会中相关传播渠道的管制，防范谣言的传播扩散；最后，还要加强对相关受众的管理，例如结合舆论引导机制，积极引导舆论风向。

特大型工程项目社会稳定风险的扩散不仅包含着复杂的社会矛盾，同时也包含着复杂的心理因素。特别是在相关谣言扩散开来时，社会公众的心理情绪会受到极大的影响。首先要建立完善的心理疏导机制，在日常生活中开展常态化的理性公民教育，强化社会公众在应对社会稳定风险时的危机教育，同时依托政府相关机构、学校、医疗机构等形成覆盖全社会的心理疏导网络，这样在社会稳定风险爆发后可以迅速地发挥关键作用。此外，结合社会稳定风险舆情监测机制，对特大型工程项目社会稳定风险扩散中的特定人群开展针对性的心理疏导，例如对一些已经受到影响而情绪激动的人，要安排相关人员针对性地展开交流，缓解当事人情绪，避免其做出过激行为，扩大影响范围。

第四节　本章小结

本章基于特大型工程项目社会稳定风险治理的内涵，分析了特大型工程项目社会稳定风险治理的目标和功能，基于特大型工程项目多元主体冲突放大与社会稳定风险扩散两个阶段架构了特大型工程项目社会稳定风险的治理框架。在主体冲突放大阶段，从多元主体利益协调机制、多元主体合作共治机制、舆论引导机制三个方面建立了特大型工程项目的多元主体冲突放大化解机制。在社会稳定风险扩散阶段，从舆情监测、信息公开、处置应对三个方面建立了特大型工程项目的社会稳定风险扩散干预机制。

第七章

结论与展望

第一节　研究结论

当前国家着重强调防范化解重大风险的背景下，属于重大风险范畴的特大型工程项目社会稳定风险问题也成了社会各界关注的焦点和学术界研究的热点。本书基于特大型工程项目利益相关者与社会稳定风险因素的复杂关系，运用社会网络分析工具界定特大型工程项目社会稳定风险的关键主体，从复杂网络视角探讨特大型工程项目多元主体冲突放大过程及其引发的社会稳定风险扩散过程，研究多元主体冲突放大下特大型工程项目社会稳定风险扩散机理，并在此基础上提出基于多元主体冲突放大与社会稳定风险扩散两阶段的特大型工程项目社会稳定风险治理机制，主要结论有以下四点。

1. 特大型工程项目的社会稳定风险影响因素众多，与各利益相关者的关系也十分密切，构成了复杂的网络关系，影响了特大型工程项目社会稳定风险的形成与扩散。本书在分析特大型工程项目社会稳定风险的内涵与特征基础上，探究特大型工程项目多元主体冲突放大与社会稳定风险的关系，从多元主体冲突放大与社会稳定风险扩散两个阶段研究多元主体冲突放大下特大型工程项目社会稳定风险扩散，不但利用社会网络分析方法界定了特大型工程项目社会稳定风险的关键主体，而且将特大型工程项目多元主体冲突放大与社会稳定风险扩散两阶段研究都置于复杂网络环境下进行分析，形成了复杂网络环境下研究多元主体冲突放大下特大型工程项目社会稳定风险扩散及治理的基本思路。

2. 通过识别特大型工程项目利益相关者与社会稳定风险因素，运用社会网络分析方法构建特大型工程项目"利益相关者－社会稳定风险"2－模网络，并从网络中心性、结构洞等方面进行定量测度，研究发现：

①从特大型工程项目利益相关者研究结果来看，特大型工程项目"利益相关者－社会稳定风险"2－模网络中政府、项目法人、当地群众、承包商、专家学者、媒体、社会组织、社会公众的度大于主节点集度的平均值，且在所有调查问卷中出现频次较高，因此被认为是特大型工程项目的主要利益相关者；

②从特大型工程项目社会稳定风险因素研究结果来看，环境污染问题、生态破坏问题、项目进度问题、受影响群众的利益补偿问题、文化冲突问题、社会治安问题、项目建设财务问题、项目管理问题、不可预见的自然问题、工程技术问题的度相对较高，与之密切相关的利益相关者较多，而且在所有问卷中出现的频次也较高，因此被认为是主要的社会稳定风险因素；

③剔除影响较小的利益相关者与社会稳定风险因素后，对特大型工程项目"利益相关者－社会稳定风险"2－模网络进行冗余矩阵、限制度矩阵及结构洞测度，发现政府、项目法人、当地群众不但处于特大型工程项目社会稳定风险的利益相关者关系网络的核心，而且其总限制度较低，行动效率较高，说明其在特大型工程项目社会稳定风险管理过程

中有着比较重要的作用，因此被认为是特大型工程项目社会稳定风险的关键主体。

3. 分析政府、项目法人、当地群众三个关键主体间的关系，并对特大型工程项目多元主体冲突中最为关键的政府与当地群众进行冲突演化博弈分析，并在复杂网络环境下进行仿真研究，结果表明三点。

①政府与项目法人之间存在着道德风险问题，作为委托人的政府需要采取积极措施降低项目法人妥善解决当地群众利益诉求的难度与成本，以此来提高作为代理人的项目法人解决当地群众利益诉求的积极性；项目法人与当地群众之间存在着逆向选择问题，项目法人需要选择一个合适的且可定量的信号来分辨不同类型的当地群众，使利益补偿公平公正，缓解主体矛盾，有效控制主体冲突放大。

②当地群众与政府的演化博弈在当地群众暴力抗争成本与政府额外维稳支出不同的情况下具有四种情境，得到的演化均衡分为（理性协商，妥协接受）（暴力抗争，强硬控制）两种情况，并在复杂网络上进行了不同情境下的仿真研究，认为为了控制当地群众与政府冲突的放大，一方面应该采取有效措施加大对暴力抗争行为的惩罚力度，另一方面应当强调政府在选择强硬控制策略时不能因为维稳支出较小就轻易选择强硬控制策略，应该多方面考虑各种社会影响。

③仿真研究了不同网络特征对冲突演化结果的影响，网络重连概率的增大使得集聚系数与平均路径长度减小，主体间相互联系的紧密程度变强并增加了网络异质性，更加容易形成羊群效应，演化至均衡状态时间相应减少。认为应当加强对网络中处于核心地位且拥有较多社会关系的个体的引导，积极发挥其网络核心地位的作用，引导当地群众合理表达利益诉求。

4. 在分析多元主体冲突放大对社会稳定风险影响的基础上，探讨多元主体冲突放大下社会稳定风险扩散与传染病传播的相似之处，借助传染病模型构建了基于改进 SIR 的小世界网络上特大型工程项目社会稳定风险扩散模型，探讨多元主体冲突放大下特大型工程项目社会稳定风险扩散过程，结果表明以下四点。

①特大型工程项目社会稳定风险扩散的最终稳态与扩散网络中无知者转变为不满者的风险扩散率 $p(x)$ 、无知者转变为观望者的风险蛰伏率 α 、不满者转变为理想者风险消亡率 μ 有着密切的关系。

②特大型工程项目社会稳定风险扩散的最终稳态时理性者比例随着扩散网络中风险扩散率 $p(x)$ 的增大而减小，而风险扩散率 $p(x)$ 与风险的社会放大程度 SI 密切相关。控制风险的社会放大程度 SI 有助于减小风险扩散率 $p(x)$ ，从而有效干预特大型工程项目社会稳定风险的传播扩散。

③特大型工程项目社会稳定风险扩散的最终稳态时理性者比例随着扩散网络中风险蛰伏率 α 的增大而减小。控制风险蛰伏率 α 可以有效干预特大型工程项目社会稳定风险的传播扩散。

④特大型工程项目社会稳定风险扩散的最终稳态时理性者比例随着扩散网络中风险消亡率 μ 的增大而增大。提高风险消亡率 μ 可以有效干预特大型工程项目社会稳定风险的传播扩散。

5. 本书构建了基于多元主体冲突放大与社会稳定风险扩散两阶段的社会稳定风险治理机制。基于多元主体冲突放大研究结果，提出了包括多元主体利益协调、多元主体合作共治、舆论引导在内的特大型工程项目多元主体冲突放大化解机制；基于社会稳定风险扩散研究结果，提出了包括风险舆情监测、风险信息公开、风险处置应对在内的社会稳定风险扩散干预机制。

第二节　研究展望

本书在复杂网络环境下研究了多元主体冲突放大下特大型工程项目

的社会稳定风险扩散问题，探讨了多元主体冲突放大与社会稳定风险扩散过程，并提出了基于两阶段的社会稳定风险治理机制。然而，由于时间、数据和研究内容的局限性，还存在着许多不足之处，需要在今后的学术研究中不断深入。

1. 本书在构建特大型工程项目利益相关者与社会稳定风险因素复杂网络关系时，虽然依靠导师研究团队的合作关系，对相关特大型工程项目进行了实地调研，但要吸引特大型工程项目所有利益相关者参与其中仍然存在较大困难，特别是其中一些利益相关者还有可能因为保密或者匿名原因不能保证提供数据的真实性。因此，未来还要对更多案例进行研究，完善特大型工程项目"利益相关者－社会稳定风险因素" 2－模网络，为界定关键主体提供更科学有效的支撑。

2. 本书在对特大型工程项目多元主体冲突放大与社会稳定风险扩散在复杂网络上的仿真研究中，相关参数如网络规模、当地群众暴力抗争成本 ΔL、政府额外维稳支出 ΔS 等采取的假设赋值，虽然是在大量阅读文献及对相关专家访谈的基础上确定的，但仍然存在不准确的缺陷。在今后的研究中应该加大对相关数据的搜集和社会调查，以满足仿真研究的需要。

3. 特大型工程项目社会稳定风险的影响具有动态的演变性，会随着社会发展等外部因素变动而产生新问题和新情况，尤其是风险社会带来的社会网络结构及特大型工程项目投资环境的变化，会影响特大型工程社会稳定风险。这需要在今后研究中考虑变化的利益相关者与社会稳定风险因素，研究动态变化环境下特大型工程项目社会稳定风险形成与扩散机理，进而提出更有针对性的治理机制。

参考文献

一、中文文献

[1] 中国国际工程咨询公司. 中国投资项目社会评价指南 [M].
北京：中国计划出版社, 2004.

[2] 李强, 史玲玲, 叶鹏飞, 等. 探索适合中国国情的社会影响
评价指标体系 [J]. 河北学刊, 2010 (01)：106 – 112.

[3] 贾广社, 王娟, 杨芳军. 基于 SNA 的工程项目社会影响评价
研究 [J]. 工程管理学报, 2013 (04)：62 – 66.

[4] 滕敏敏, 韩传峰, 刘兴华. 中国大型基础设施项目社会影响
评价指标体系构建 [J]. 中国人口资源与环境, 2014, 24 (9)：170
– 176.

[5] 朱瑞华. 基于 AHP 方法的建设工程项目后评价指标体系实证
研究 [D]. 成都：西华大学, 2017.

[6] 王浩, 马静, 刘宇, 等. 172 项重大水利工程建设的社会经济
影响初评 [J]. 中国水利, 2015 (12)：1 – 4.

[7] 罗时朋, 张松. 基于逻辑框架法的水电工程社会影响后评价
[J]. 武汉理工大学学报, 2009 (15)：69 – 72.

［8］张庶，金晓斌，徐霄泉，等．基于SD和模糊综合评价的土地整治项目社会影响评价［J］．中国农学通报，2014，30（34）：81－88．

［9］贺正齐，黄德春，马智杰，等．基于结构方程模型的水利工程社会影响路径［J］．水利经济，2017，35（1）：26－30．

［10］宋林飞．中国社会风险预警系统的设计与运行［J］．东南大学学报（哲学社会科学版），1999（1）：69－76．

［11］熊光清．当前中国社会风险形成的原因及其基本对策［J］．教学与研究，2006（07）：17－22．

［12］冯必扬．不公平竞争与社会风险［M］．北京：社会科学文献出版社，2007．

［13］李世新．从技术评估到工程的社会评价—兼论工程与技术的区别［J］．北京理工大学学报（社会科学版），2007，9（3）：43－46．

［14］季闯．基于计算实验方法的重大工程社会风险评估与治理研究［D］．南京：东南大学，2016．

［15］韩传峰，何臻，马良河．基于故障树分析的建设工程风险识别系统［J］．自然灾害学报，2006，15（5）：183－187．

［16］周红波．基于贝叶斯网络的深基坑风险模糊综合评估方法［J］．上海交通大学学报，2009（9）：1473－1479．

［17］杨琳，罗鄂湘．重大工程项目社会风险评价指标体系研究［J］．科技与管理，2010，12（2）：43－46．

［18］黄德春，马海良，徐敏．重大水利工程项目社会风险的牛鞭效应［J］．中国人口资源与环境，2012，22（11）：95－100．

［19］王亮．工程项目的社会风险机理研究［D］．成都：西南交通大学，2011．

［20］冯周卓，张叶．重大项目社会稳定风险的致因与分类识别

［J］．行政论坛，2017（01）：97－101.

　　［21］肖群鹰，朱正威，刘慧君．重大工程项目社会稳定风险的非干预在线评估模式研究［J］．公共行政评论，2016，9（1）：86－109.

　　［22］朱正威，王琼，郭雪松．工程项目社会稳定风险评估探析——基于公众"风险－收益"感知视角的因子分析［J］．西安交通大学学报（社会科学版），2016，36（3）：61－68.

　　［23］胡象明．敏感性工程社会稳定风险事件——过程模型和参与者行动逻辑［J］．国家行政学院学报，2016（02）：58－62.

　　［24］余文学，孙彪，周易．大型河道工程社会稳定风险识别与控制——以淮河 RH 工程为例［J］．河海大学学报：哲学社会科学版，2016，18（4）：71－76.

　　［25］薛澜，董秀海．基于委托代理模型的环境治理公众参与研究［J］．中国人口资源与环境，2010，20（10）：48－54.

　　［26］唐钧．政府形象风险及其治理［J］．中国行政管理，2010（5）：75－78.

　　［27］张长征，黄德春，华坚．基于自组织理论的重大水利工程建设的社会系统稳定性研究［J］．中国人口资源与环境，2012，22（11）：109－115.

　　［28］王波，黄德春，华坚，等．水利工程建设社会稳定风险评估与实证研究［J］．中国人口资源与环境，2015，25（4）：149－154.

　　［29］曹峰，邵东珂，王展硕．重大工程项目社会稳定风险评估与社会支持度分析——基于某天然气输气管道重大工程的问卷调查［J］．国家行政学院学报，2013（6）：91－95.

　　［30］谭爽．邻避项目社会稳定风险的生成与防范——以"彭泽核电站争议"事件为例［J］．北京交通大学学报：社会科学版，2014，13（4）：46－51.

[31] 范晓娟. 重大工程项目社会稳定风险定量评估——以某矿井及选煤厂项目为例 [J]. 工程研究——跨学科视野中的工程, 2018, 1: 012.

[32] 程书波, 郭曼丽. 基于层次分析法的地铁建设项目社会稳定风险评估 [J]. 河南理工大学学报(社会科学版), 2014 (03): 273－278.

[33] 陈桃生. 城市轨道交通建设项目社会稳定风险评估指标体系及模型构建研究 [J]. 中国工程咨询, 2015 (5): 29－32.

[34] 刘晓慧, 王志年. 城市轨道交通社会稳定风险评估 [J]. 施工技术, 2017, 46 (S2): 1480－1482.

[35] 张鹏, 李国峰, 刘丽. 土地征收中的社会稳定风险评估——以广州新客站周边土地储备项目二期征地为例 [J]. 国土资源科技管理, 2010 (6): 71－77.

[36] 项晓敏, 金晓斌, 陈原, 等. 土地整治重大项目社会稳定风险评估初探 [J]. 中国农学通报, 2015, 5 (5): 250－255.

[37] 谭爽, 胡象明. 中国大型工程社会稳定风险治理悖论及其生成机理——基于对B市A垃圾焚烧厂反建事件的扎根分析 [J]. 甘肃行政学院学报, 2015 (6): 60－67.

[38] 陈晓运, 冯春健, 吴姿其. 社会稳定风险评估与重大项目建设 [J]. 广州大学学报(社会科学版), 2017, 16 (12): 27－34.

[39] 李佐娟. 垃圾焚烧发电厂建设项目社会稳定风险评估研究 [D]. 北京: 中国科学院大学, 2017.

[40] 孙元明. 三峡库区"后移民时期"若干重大社会问题分析——区域性社会问题凸显的原因及对策建议 [J]. 中国软科学, 2011 (06): 24－33.

[41] 黄德春, 张长征, 徐敏. 重大水利工程社会稳定风险研究

[J]．中国人口资源与环境，2013，23（4）：89－95．

[42] 赵振亭．重大工程项目社会稳定风险指标体系与评估研究[D]．成都：西南交通大学，2014．

[43] [法] 霍尔巴赫．自然的体系 [M]．管士宾，译．北京：商务印书馆，1964：217．

[44] 柳新元．利益冲突与制度变迁 [M]．武汉：武汉大学出版社，2002．

[45] 张维迎，马捷．恶性竞争的产权基础 [J]．经济研究，1999（6）：11－20．

[46] 张玉堂．利益论：关于利益冲突与协调问题的研究 [M]．武汉：武汉大学出版社，2001．

[47] 柳海滨．转型时期我国政府自利与公共利益冲突问题研究[D]．长春：吉林大学，2008．

[48] 刘存亮．我国公职人员利益冲突管理制度体系研究 [D]．大连：大连理工大学，2013．

[49] 陈赟．国企改革中政企利益冲突与协调的研究 [D]．武汉：武汉理工大学，2005．

[50] 杨晓敏．论利益冲突 [D]．济南：山东大学，2010．

[51] 肖平．工程中的利益冲突与道德选择 [J]．道德与文明，2000（4）：26－29．

[52] 丛杭青，潘磊．工程中利益冲突问题研究 [J]．伦理学研究，2006（6）：42－46．

[53] 毕天云．论社会冲突的根源 [J]．云南师范大学学报（哲学社会科学版），2000（5）：001．

[54] 孙元明．三峡库区"后移民时期"若干重大社会问题分析——区域性社会问题凸显的原因及对策建议 [J]．中国软科学，2011

（6）：24 - 33.

[55] 刘德海，王维国，徐维军，等．不同社会结构下群体性突发事件产生机理的演化博弈分析 [J]．系统工程，2010，28（6）：88 - 93.

[56] 孙蕾，孙绍荣．重大基础工程引发的利益冲突与治理机制研究 [J]．管理工程学报，2016（01）：34 - 42.

[57] 唐冰松．工程项目冲突的分类及绩效影响定性分析 [J]．工程管理学报，2016（2）：136 - 141.

[58] 唐耀祥．BT 项目主要利益相关方的冲突博弈研究——基于行为经济学视角 [J]．建筑经济，2014（7）：114 - 116.

[59] 卢文刚，黎舒菡．基于利益相关者理论的邻避型群体性事件治理研究——以广州市花都区垃圾焚烧项目为例 [J]．新视野，2016（4）：90 - 97.

[60] 燕雪，张劲文．跨境重大工程多元主体间决策冲突处理机制研究 [J]．工程管理学报，2015，29（1）：12 - 17.

[61] 周开发．创设"复杂性科学与哲学"课程实践探讨 [J]．重庆交通大学学报（社会科学版），2017，17（1）：116 - 121.

[62] 钱学森，于景元，戴汝为．一个科学新领域——开放的复杂巨系统及其方法论 [J]．自然杂志，1990（1）：3 - 10.

[63] 张宝运．基于复杂网络的高速铁路网络拓扑特征及可靠性研究 [D]．成都：西南交通大学，2017.

[64] 黄岩渠．基于复杂网络的系统性金融风险研究 [D]．长沙湖南大学，2018.

[65] 章忠志．复杂网络的演化模型研究 [D]．大连：大连理工大学，2006.

[66] 蔡超然．复杂网络上传染病传播动力学及接种动力学研究

［D］．兰州：兰州大学，2017.

　　［67］程军军．社交网络中信息传播模式及话题趋势预测研究［D］．北京：北京交通大学，2013.

　　［68］王爱民，林津普．基于复杂网络的复杂项目危机传染过程研究［J］．技术经济，2016，35（5）：92－97.

　　［69］吴标．"英国脱欧"对世界贸易的影响——基于复杂网络的收入支出模型分析［J］．国际经贸探索，2017，33（1）：4－16.

　　［70］刘德海，韩呈军，尹丽娟．城市拆迁群体性事件演化机理的多情景演化博弈分析［J］．运筹与管理，2016.

　　［71］赵泽斌，满庆鹏．基于前景理论的重大基础设施工程风险管理行为演化博弈分析［J］．系统管理学报，2018，27（1）：109－117.

　　［72］杨涵新，汪秉宏．复杂网络上的演化博弈研究［J］．上海理工大学学报，2012，34（2）：166－171.

　　［73］谢逢洁．复杂网络上的博弈［M］．清华大学出版社，2016.

　　［74］刘德海，王维国．维权型群体性突发事件社会网络结构与策略的协同演化机制［J］．中国管理科学，2012，20（03）：185－192.

　　［75］郑君君，何鸿勇，蔡明．政府重大项目投资决策下群体性事件的形成机制及其仿真分析［J］．技术经济，2014，33（10）：63－67.

　　［76］张晓光．网络拓扑结构与传播动力学分析［D］．太原：中北大学，2014

　　［77］王杏．基于复杂网络的农产品供应链建模与网络风险传播研究［D］．长春：吉林大学，2017.

　　［78］杨康．基于复杂网络理论的供应链网络风险管理研究［D］．北京：北京交通大学，2014.

　　［79］欧阳红兵，刘晓东．中国金融机构的系统重要性及系统性风

险传染机制分析——基于复杂网络的视角 [J]. 中国管理科学, 2015, 23 (10): 30 - 37.

[80] 吴念鲁, 徐丽丽, 苗海宾. 我国银行同业之间流动性风险传染研究——基于复杂网络理论分析视角 [J]. 国际金融研究, 2017 (7): 34 - 43.

[81] 赵晓晓, 钮钦. 基于 SIR 模型的重大水利工程建设的社会风险扩散路径研究 [J]. 工程管理学报, 2014, 28 (1): 46 - 50.

[82] 李晓琳. 基于复杂网络的 W 市地铁 8 号线利益相关方关系风险研究 [D]. 济南: 山东大学, 2016.

[83] 郭信言. 关于信访与维稳的关系 [J]. 信访与社会矛盾问题研究, 2014 (3): 24 - 32.

[84] 王雪青, 孙丽莹, 陈杨杨. 基于社会网络分析的承包商利益相关者研究 [J]. 工程管理学报, 2015.

[85] 吕萍, 胡欢欢, 郭淑苹. 政府投资项目利益相关者分类实证研究 [J]. 工程管理学报, 2013 (1): 39 - 43.

[86] 王进. 大型工程项目成功标准研究 [D]. 长沙: 中南大学, 2008.

[87] 甘晓龙. 基于利益相关者理论的基础设施项目可持续建设方案决策模型研究 [D]. 重庆: 重庆大学, 2014.

[88] 廖梦园. 社会冲突治理中公权力与私权利平衡研究 [D]. 南昌: 南昌大学, 2016.

[89] 俞可平. 从统治到治理 [J]. 新华文摘, 2001 (3).

[90] 谭爽, 胡象明. 特殊重大工程项目的风险社会放大效应及启示——以日本福岛核泄漏事故为例 [J]. 北京航空航天大学学报: 社会科学版, 2012, 25 (2): 23 - 27.

[91] 李永奎. 基于复杂网络的关联信用风险传染延迟效应研究

［M］. 成都：西南财经大学出版社，2018.

　　［92］刘军. 整体网分析讲义：UCINET 软件实用指南［M］. 上海：格致出版社上海人民出版社，2009.

　　［93］罗家德. 社会网分析讲义［M］. 北京：社会科学文献出版社，2005.

　　［94］张维迎. 博弈论与信息经济学［M］. 上海：上海人民出版社，1996

　　［95］廖圣清，黄文森，易红发，等. 群体性事件中参与主体的策略演化博弈分析——一种社会网络视角［J］. 新闻大学，2016（6）：87 - 99.

二、英文文献

　　［1］Little I M D, Mirrlees J A. Manual of industrial project analysis in developing countries［M］. Pairs：OECD Development Center, 1968.

　　［2］Marglin S A, Sen A. Guidelines for project evaluation［R］. New York：United Nations Industrial Development Organization, 1972.

　　［3］Finsterbusch, K. Understanding Social Impacts. Assessing the Effects of Public Projects［M］, Beverly Hills, Calif.：Sage Publications, 1980.

　　［4］Schnaiberg A. The environment：From surplus to scarcity［M］. Oxford：Oxford University Press, 1980.

　　［5］Vanclay F. The international handbook of social impact assessment：Conceptual and methodological advances［M］. Edward Elgar Publishing, 2003.

　　［6］Tilt B, Braun Y, He D. Social impacts of large dam projects：A comparison of international case studies and implications for best practice

〔J〕. Journal of environmental management, 2009, 90 (S3): 249 - 257.

〔7〕 Becker H A. Social impact assessment 〔J〕. European Journal of Operational Research, 2001, 128 (2): 311 - 321.

〔8〕 Dani A. Social Analysis Sourcebook: Incorporating Social Dimensions into Bank - Supported Projects 〔M〕. WashingtonDC: The World Bank Social Development Department, 2013.

〔9〕 Krueger R A, Casey M A, Donner J, Kirsch S, Maack J N. Social analysis: selected tools and techniques 〔J〕. Social Development Paper, 2001, 17 (1): 1 - 36.

〔10〕 He Z, Huang D, Zhang C, et al. Evaluation Research of the Influence of Small Hydropower Station for Fuel Project on Social Development Impact 〔C〕. International Conference on Computer and Computing Technologies in Agriculture. Springer, Cham, 2014: 31 - 39.

〔11〕 Giddens A. Risk society: the context of British politics 〔J〕. The politics of risk society, 1998, 123 (1): 23 - 34.

〔12〕 Beck U. Risk society: Towards a new modernity 〔M〕. Thousand Oaks: Sage, 1992.

〔13〕 Beck U, Giddens A, Lash S. Reflexive modernization: Politics, tradition and aesthetics in the modern social order 〔M〕. Stanford University Press, 1994.

〔14〕 Luhmann N. Social systems 〔M〕. Stanford University Press, 1995.

〔15〕 Holzmann R, Jorgensen S. Social protection as social risk management: conceptual underpinnings for the social protection sector strategy paper 〔J〕. Journal of international Development, 1999, 11 (7): 1005 - 1027.

[16] Poverty E A. A systematic approach to project social risk & opportunity management [R]. Briefing Note, Institution of Civil Engineers, London, 2008.

[17] Hu Y, Chan A P C, Le Y, et al. From construction megaproject management to complex project management: Bibliographic analysis [J]. Journal of management in engineering, 2013, 31 (4): 04014052.

[18] Shi Q, Liu Y, Zuo J, et al. On the management of social risks of hydraulic infrastructure projects in China: A case study [J]. International Journal of Project Management, 2015, 33 (3): 483 – 496.

[19] Liu Z, Zhu Z, Wang H, et al. Handling social risks in government – driven mega project: An empirical case study from West China [J]. International Journal of Project Management, 2016, 34 (2): 202 – 218.

[20] Tilt B, Braun Y, He D. Social impacts of large dam projects: A comparison of international case studies and implications for best practice [J]. Journal of environmental management, 2009, 90 (S3): 249 – S257.

[21] Mattarozzi S, Antonini E. Sustainability assessment: an integrated approach with inhabitant participation [J]. Procedia Engineering, 2011, 21 (1): 560 – 569.

[22] Andre E. Beyond hydrology in the sustainability assessment of dams: A planners perspective – The Sarawak experience [J]. Journal of hydrology, 2012, 412 (4): 246 – 255.

[23] Folke C. Resilience: The emergence of a perspective for social – ecological systems analyses [J]. Global environmental change, 2006, 16 (3): 253 – 267.

[24] He Z, Huang D, Zhang C, et al. Toward a Stakeholder Perspective on Social Stability Risk of Large Hydraulic Engineering Projects in China:

A Social Network Analysis [J]. Sustainability, 2018, 10 (4): 1223.

[25] Pound R. Social control through law [M]. Routledge, 2017

[26] OECD. Managing conflict of interest in the public service: OECD guidelines and overview [R]. Organization for Economic Co – operation and Development, 2003.

[27] Williams R. Keywords: A vocabulary of culture and society [M]. Oxford: Oxford University Press, 1985.

[28] Colander D C. Stagflation and competition [J]. Journal of Post Keynesian Economics, 1982, 5 (1): 17 – 33.

[29] Boyce G, Davids C. Conflict of interest in policing and the public sector: Ethics, integrity and social accountability [J]. Public Management Review, 2009, 11 (5): 601 – 640.

[30] Ostrom E, Ostrom V. Choice, Rules and Collective Action: The Ostrom's on the Study of Institutions and Governance [M]. ECPR Press, 2014.

[31] Freeman R E. Strategic Management: A Stakeholder Approach [M]. Boston: Pitman, 1984.

[32] Donaldson T, Preston L E. The stakeholder theory of the corporation: Concepts, evidence, and implications [J]. Academy of management Review, 1995, 20 (1): 65 – 91.

[33] Grimble R, Wellard K. Stakeholder methodologies in natural resource management: a review of principles, contexts, experiences and opportunities [J]. Agricultural systems, 1997, 55 (2): 173 – 193.

[34] Charkham J P. Corporate governance: lessons from abroad [J]. European Business Journal, 1992, 4 (2): 1 – 8.

[35] Clarkson M E. A stakeholder framework for analyzing and evalua-

ting corporate social performance ［J］. Academy of management review, 1995, 20 (1): 92 –117.

［36］ McElroy B, Mills C. Managing stakeholders ［J］. Gower handbook of project management, 2000 (02): 757 –759.

［37］ PMI Standards Committee. A Guide to the Project Management Body of Knowledge (PMBOK Guide) ［C］. Project Management Institute, 2008.

［38］ Radulescu C M, Stefan O, Radulescu G M T, et al. Management of Stakeholders in Urban Regeneration Projects. Case Study: Baia – Mare, Transylvania ［J］. Sustainability, 2016, 8 (3): 238.

［39］ Oppong G D, Chan A P C, Dansoh A. A review of stakeholder management performance attributes in construction projects ［J］. International Journal of Project Management, 2017, 35 (6): 1037 –1051.

［40］ Boumaour A, Grimes S, Brigand L, et al. Integration process and stakeholders' interactions analysis around a protection project: Case of the National park of Gouraya, Algeria (South – western Mediterranean) ［J］. Ocean & Coastal Management, 2018, 153 (4): 215 –230.

［41］ Aaltonen K, Kujala J, Havela L, et al. Stakeholder Dynamics During the Project Front – End: The Case of Nuclear Waste Repository Projects ［J］. Project Management Journal, 2015, 46 (6): 15 –41.

［42］ Mok K Y, Shen G Q, Yang J. Stakeholder management studies in mega construction projects: A review and future directions ［J］. International Journal of Project Management, 2015, 33 (2): 446 –457.

［43］ Bal M, Bryde D, Fearon D, et al. Stakeholder engagement: Achieving sustainability in the construction sector ［J］. Sustainability, 2013, 5 (2): 695 –710.

［44］ Gibson K. The moral basis of stakeholder theory ［J］. Journal of business ethics, 2000, 26 (3): 245 –257.

[45] Yang J, Shen G Q, Ho M, et al. Stakeholder management in construction: An empirical study to address research gaps in previous studies [J]. International journal of project management, 2011, 29 (7): 900 –910.

[46] Olander S. Stakeholder impact analysis in construction project management [J]. Construction management and economics, 2007, 25 (3): 277 –287.

[47] Walker D H T, Bourne L M, Shelley A. Influence, stakeholder mapping and visualization [J]. Construction Management and Economics, 2008, 26 (6): 645 –658.

[48] Pinto J K, Morris P W G. The Wiley guide to managing projects [M]. Hoboken, NJ: Wiley, 2004.

[49] Callan K, Sieimieniuch C, Sinclair M. A case study example of the role matrix technique [J]. International Journal of Project Management, 2006, 24 (6): 506 –515.

[50] Lin X, Ho C M F, Shen G Q P. Who should take the responsibility? Stakeholders' power over social responsibility issues in construction projects [J]. Journal of cleaner production, 2017, 154 (6): 318 –329.

[51] Mitchell R K, Agle B R, Wood D J. Toward a theory of stakeholder identification and salience: Defining the principle of who and what really counts [J]. Academy of management review, 1997, 22 (4): 853 –886.

[52] Wheeler D, Sillanpa M. Including the stakeholders: the business case [J]. Long Range Planning, 1998, 31 (2): 201 –210.

[53] Reed M S. Stakeholder participation for environmental manage-

ment: a literature review [J]. Biological conservation, 2008, 141 (10):
2417 – 2431.

[54] Mok K Y, Shen G Q, Yang R J, et al. Investigating key chal-
lenges in major public engineering projects by a network – theory based analy-
sis of stakeholder concerns: A case study [J]. International Journal of Pro-
ject Management, 2017, 35 (1): 78 – 94.

[55] Davis M, Stark A. Conflict of Interest in the Professions [M].
Oxford: Oxford University Press on Demand, 2001.

[56] Martin M W, Schinzinger R. Ethics in engineering [M]. New
York: McGraw – Hill, 2005.

[57] Markwick M C. Golf tourism development, stakeholders, diffe-
ring discourses and alternative agendas: the case of Malta [J]. Tourism
management, 2000, 21 (5): 515 – 524.

[58] Martin N, Rice J. Improving Australia' s renewable energy pro-
ject policy and planning: A multiple stakeholder analysis [J]. Energy Poli-
cy, 2015, 84 (5): 128 – 141.

[59] Hu H. Research on public participation in sustainable urbaniza-
tion process [J]. J. Pol. & L., 2012, 5 (2): 162 – 164.

[60] Frazier A E, Bagchi – Sen S, Knight J. The spatio – temporal
impacts of demolition land use policy and crime in a shrinking city [J]. Ap-
plied Geography, 2013, 41 (4): 55 – 64.

[61] Rosso M, Bottero M, Pomarico S, et al. Integrating multicriteria
evaluation and stakeholders analysis for assessing hydropower projects [J].
Energy Policy, 2014, 67 (4): 870 – 881.

[62] Barabási A L. Diamiter of the World Wide Web [J]. Nature,
1999, 401 (3): 130 – 131.

[63] Maslov S, Sneppen K, Zaliznyak A. Detection of topological patterns in complex networks: correlation profile of the internet [J]. Physica A: Statistical Mechanics and its Applications, 2004, 333 (2): 529 –540.

[64] Tam W M, Lau F C M, Chi K T. Complex – network modeling of a call network [J]. IEEE Transactions on Circuits and Systems I: Regular Papers, 2009, 56 (2): 416 –429.

[65] Centola D. The spread of behavior in an online social network experiment [J]. science, 2010, 329 (5996): 1194 –1197.

[66] Gao C, Sun M, Shen B. Features and evolution of international fossil energy trade relationships: A weighted multilayer network analysis [J]. Applied Energy, 2015, 156 (10): 542 –554.

[67] Hao X, An H, Qi H, et al. Evolution of the exergy flow network embodied in the global fossil energy trade: Based on complex network [J]. Applied energy, 2016, 162 (1): 1515 –1522.

[68] Guimera R, Mossa S, Turtschi A, et al. The worldwide air transportation network: Anomalous centrality, community structure, and cities' global roles [J]. Proceedings of the National Academy of Sciences, 2005, 102 (22): 7794 –7799.

[69] Woolley – Meza O, Thiemann C, Grady D, et al. Complexity in human transportation networks: a comparative analysis of worldwide air transportation and global cargo – ship movements [J]. The European Physical Journal B, 2011, 84 (4): 589 –600.

[70] An H, Gao X, Fang W, et al. Research on patterns in the fluctuation of the co – movement between crude oil futures and spot prices: A complex network approach [J]. Applied Energy, 2014, 136 (12): 1067 –1075.

［71］ Jia J, Li H, Zhou J, et al. Analysis of the transmission characteristics of China's carbon market transaction price volatility from the perspective of a complex network ［J］. Environmental Science and Pollution Research, 2018, 25 (8): 7369 - 7381.

［72］ Erds P, Rényi A. On the evolution of random graphs ［J］. Publ. Math. Inst. Hung. Acad. Sci, 1960, 5 (1): 17 - 61.

［73］ Watts D J, Strogatz S H. Collective dynamics of 'small - world' networks ［J］. nature, 1998, 393 (6684): 440.

［74］ Barabási A L, Albert R. Emergence of scaling in random networks ［J］. science, 1999, 286 (5439): 509 - 512.

［75］ Pastor - Satorras R, Vespignani A. Evolution and structure of the Internet: A statistical physics approach ［M］. Cambridge University Press, 2007.

［76］ Feng J, Li X, Mao B, et al. Weighted complex network analysis of the Beijing subway system: Train and passenger flows ［J］. Physica A: Statistical Mechanics and its Applications, 2017, 474 (5): 213 - 223.

［77］ Petrone D, Latora V. A dynamic approach merging network theory and credit risk techniques to assess systemic risk in financial networks ［J］. Scientific reports, 2018, 8 (1): 5561.

［78］ Fan Z, Chen G, Ko K T. Evolving networks: from topology to dynamics ［J］. Journal of Control Theory and Applications, 2004, 2 (1): 60 - 64.

［79］ Gómez - Gardenes J, Echenique P, Moreno Y. Immunization of real complex communication networks ［J］. The European Physical Journal B - Condensed Matter and Complex Systems, 2006, 49 (2): 259 - 264.

［80］ Wang H, Wang J, Ding L, et al. Knowledge transmission model with consideration of self – learning mechanism in complex networks [J]. Applied Mathematics and Computation, 2017, 304 (7): 83 – 92.

[81] Tulu M M, Hou R, Younas T. Identifying Influential Nodes Based on Community Structure to Speed up the Dissemination of Information in Complex Network [J]. IEEE Access, 2018, 6 (1): 7390 – 7401.

[82] Lee C Y, Chong H Y, Liao P C, et al. Critical Review of Social Network Analysis Applications in Complex Project Management [J]. Journal of Management in Engineering, 2017, 34 (2): 04017061.

[83] Hou W, Liu H, Wang H, et al. Structure and patterns of the international rare earths trade: A complex network analysis [J]. Resources Policy, 2018, 55 (4): 133 – 142.

[84] Du R, Wang Y, Dong G, et al. A complex network perspective on interrelations and evolution features of international oil trade, 2002 – 2013 [J]. Applied energy, 2017, 196 (6): 142 – 151.

[85] Neumann J V, Morgenstern O. Theory of games and economic behavior [M]. Princeton University Press, 1944.

[86] Weibull J W. Evolutionary game theory [M]. MIT press, 1997.

[87] Axelrod R, Hamilton W D. The evolution of cooperation [J]. science, 1981, 211 (4489): 1390 – 1396.

[88] Colman A M. Game theory and its applications: In the social and biological sciences [M]. Psychology Press, 2013.

[89] Nash J F. Equilibrium points in n – person games [J]. Proceedings of the national academy of sciences, 1950, 36 (1): 48 – 49.

[90] Smith J M, Price G R. The logic of animal conflict [J]. Nature, 1973, 246 (5427): 15.

［91］ Nowak M A, May R M. Evolutionary games and spatial chaos ［J］. Nature, 1992, 359 (6398): 826.

［92］ Szabó G, Fath G. Evolutionary games on graphs ［J］. Physics reports, 2007, 446 (4): 97 – 216.

［93］ Nowak M A, May R M. The spatial dilemmas of evolution ［J］. International Journal of bifurcation and chaos, 1993, 3 (1): 35 – 78.

［94］ Hauert C, Doebeli M. Spatial structure often inhibits the evolution of cooperation in the snowdrift game ［J］. Nature, 2004, 428 (6983): 643.

［95］ Vukov J, Szabó G, Szolnoki A. Evolutionary prisoner's dilemma game on Newman – Watts networks ［J］. Physical Review E, 2008, 77 (2): 026109.

［96］ Ohtsuki H, Nowak M A, Pacheco J M. Breaking the symmetry between interaction and replacement in evolutionary dynamics on graphs ［J］. Physical review letters, 2007, 98 (10): 108106.

［97］ Szabó G, Vukov J, Szolnoki A. Phase diagrams for an evolutionary prisoner's dilemma game on two – dimensional lattices ［J］. Physical Review E, 2005, 72 (4): 047107.

［98］ Szabó G, Varga L, Szabó M. Anisotropic invasion and its consequences in two – strategy evolutionary games on a square lattice ［J］. Physical Review E, 2016, 94 (5): 052314.

［99］ Santos F C, Pacheco J M, Lenaerts T. Evolutionary dynamics of social dilemmas in structured heterogeneous populations ［J］. Proceedings of the National Academy of Sciences of the United States of America, 2006, 103 (9): 3490 – 3494.

［100］ Rong Z, Yang H X, Wang W X. Feedback reciprocity mechanism promotes the cooperation of highly clustered scale – free networks ［J］. Physical Review E, 2010, 82 (4): 047101.

［101］Hauert C, Szabó G. Game theory and physics ［J］. American Journal of Physics, 2005, 73 (5): 405 –414.

［102］Fan R, Dong L, Yang W, et al. Study on the optimal supervision strategy of government low – carbon subsidy and the corresponding efficiency and stability in the small – world network context ［J］. Journal of Cleaner Production, 2017, 168 (12): 536 –550.

［103］Pacheco J M, Traulsen A, Nowak M A. Coevolution of strategy and structure in complex networks with dynamical linking ［J］. Physical review letters, 2006, 97 (25): 258103.

［104］Li W, Zhang X, Hu G. How scale – free networks and large – scale collective cooperation emerge in complex homogeneous social systems ［J］. Physical Review E, 2007, 76 (4): 045102.

［105］Petermann T, De Los Rios P. Role of clustering and gridlike ordering in epidemic spreading ［J］. Physical Review E, 2004, 69 (6): 066116.

［106］Kermack W O, McKendrick A G. A contribution to the mathematical theory of epidemics ［J］. Proc. R. Soc. Lond. A, 1927, 115 (772): 700 –721.

［107］Kermack W O, McKendrick A G. Contributions to the mathematical theory of epidemics. II. —The problem of endemicity ［J］. Proc. R. Soc. Lond. A, 1932, 138 (834): 55 –83.

［108］Pastor – Satorras R, Vespignani A. Epidemic spreading in scale – free networks ［J］. Physical review letters, 2001, 86 (14): 3200.

［109］Zhang J, Sun J. Stability analysis of an SIS epidemic model with feedback mechanism on networks [J]. Physica A: Statistical Mechanics and its Applications, 2014, 394 (1): 24 – 32.

[110] Li Y, Du Z, Zhang L. Agri – Food Supply Chain Network Risk Propagation Research Based on Complex Network [C] //Proceedings of the 6th International Asia Conference on Industrial Engineering and Management Innovation. Atlantis Press, Paris, 2016: 985 – 994.

[111] Wei Q, Zhang Q. P2P Lending Risk Contagion Analysis Based on a Complex Network Model [J]. Discrete Dynamics in Nature and Society, 2016, 5 (4): 5013954.

[112] Ellinas C, Allan N, Durugbo C, et al. How robust is your project? From local failures to global catastrophes: A complex networks approach to project systemic risk [J]. PloS one, 2015, 10 (11): e0142469.

[113] Jones N, Clark J, Tripidaki G. Social risk assessment and social capital: A significant parameter for the formation of climate change policies [J]. The Social Science Journal, 2012, 49 (1): 33 – 41.

[114] Cleland D I, Ireland L R. Project management: strategic design and implementation [M]. Singapore: McGraw – Hill, 1999.

[115] Boumaour A, Grimes S, Brigand L, et al. Integration process and stakeholders' interactions analysis around a protection project: Case of the National park of Gouraya, Algeria (South – western Mediterranean) [J]. Ocean & Coastal Management, 2018, 153 (4): 215 – 230.

[116] Tuman J. Studies in communications management: achieving project success through team building and stakeholder management [J]. The AMA Handbook of Project Management, 2006, 21 (1): 174 – 83.

[117] Lienert J, Schnetzer F, Ingold K. Stakeholder analysis combined with social network analysis provides fine – grained insights into water

infrastructure planning processes [J]. Journal of environmental management, 2013, 125 (8): 134 –148.

[118] Yang R J, Zou P X W, Wang J. Modelling stakeholder – associated risk networks in green building projects [J]. International journal of project management, 2016, 34 (1): 66 –81.

[119] Yu T, Shen G Q, Shi Q, et al. Managing social risks at the housing demolition stage of urban redevelopment projects: A stakeholder – oriented study using social network analysis [J]. International journal of project management, 2017, 35 (6): 925 –941.

[120] Kasperson R E, Renn O, Slovic P, et al. The social amplification of risk: A conceptual framework [J]. Risk analysis, 1988, 8 (2): 177 –187.

[121] Newman M E J, Watts D J. Renormalization group analysis of the small – world network model [J]. Physics Letters A, 1999, 263 (4): 341 –346.

[122] Wasserman S, Faust K. Social network analysis: Methods and applications [M]. Cambridge university press, 1994.

[123] Myerson R B. Incentive compatibility and the bargaining problem [J]. Econometrica: journal of the Econometric Society, 1979, 47 (1): 61 –73.

[124] Smith J M. Evolution and the Theory of Games [M]. Cambridge university press, 1982.

[125] Taylor P D, Jonker L B. Evolutionary stable strategies and game dynamics [J]. Mathematical biosciences, 1978, 40 (1): 145 –156.

[126] Zhao L, Wang J, Chen Y, et al. SIHR rumor spreading model in social networks [J]. Physica A: Statistical Mechanics and its Applica-

tions, 2012, 391 (7): 2444 – 2453.

[127] Wang H, Deng L, Xie F, et al. A new rumor propagation model on SNS structure [C]. Granular Computing (GrC), 2012 IEEE International Conference on. IEEE, 2012: 499 – 503.

附录

特大型工程项目利益相关者与社会稳定风险因素的关系调查问卷

您好！首先感谢您能抽出宝贵的时间来参与本次调查，非常感谢您的支持！

我们正在进行一项关于特大型工程项目的利益相关者及社会稳定风险因素的调查，期望能够发现特大型工程项目中的关键利益相关者与关键社会稳定风险因素，为特大型工程项目的社会稳定风险管理提供参考。我们相信您的答案和意见将会为此研究提供极大的帮助，我们向您保证有关调查资料只用于学术研究。

本研究首先利用文献综述的方法，识别了部分利益相关者与社会稳定风险因素；然后，希望利用各位在工作、学习、生活中的经验进一步确定利益相关者与风险因素，进而判断各利益相关者与各风险因素之间的关系；在此基础上，利用社会网络分析等科学研究方法来确定关键利益相关者与关键社会稳定风险因素，提高特大型工程项目社会稳定风险管理能力，为保证地区社会稳定做出贡献！

以下内容是为您完成调查问卷提供的参考资料。

1. 本研究中的特大型工程项目，是指建设规模巨大、投资规模庞大、涉及因素众多，对区域乃至整个国家有着重大而且深远影响的工程项目。这里工程项目具有广泛含义，既可以是水利工程、高速铁路，也可以是特大型石油、化工项目等，如三峡水利枢纽工程、南水北调工程、京沪高铁、粤港澳大桥、西气东输、战略石油储备工程等。

2. 本研究中的特大型工程项目的社会稳定风险，是指在特大型工程项目的组织和实施过程中，由于直接利益相关者或间接利益相关者的利益受到损害，主体间形成了冲突，而主体冲突在多元主体形成的主体互动关系复杂网络中被放大，造成了群体性事件等各种社会风险事件，社会风险进一步在多元主体互动关系复杂网络中扩散，积累到一定程度使得社会系统产生社会无序化和社会环境不和谐的风险。

3. 初步识别出的特大型工程项目利益相关者如表1。

表1　特大型工程项目的利益相关者

利益相关者	利益相关者的描述
S1：政府	特大型工程项目所在地的政府机关
S2：项目法人	特大型工程项目建设的责任主体，负责项目策划、资金筹措、建设实施等
S3：承包商	具体承担特大型工程项目建设的相关单位，受雇于项目法人
S4：供应商	为特大型工程项目提供材料、设备等的相关单位
S5：分包商	承担特大型工程项目施工、运输、劳务等子工程的相关单位
S6：监理单位	承担特大型工程项目监理任务的单位
S7：设计单位	为特大型工程项目进行设计工作的相关单位
S8：施工人员	参与特大型工程项目建设施工的工人
S9：当地群众	生活在特大型工程项目所在地而且受到特大型工程项目的影响，包括移民群众
S10：专家学者	与特大型工程项目相关的项目管理、环境保护、工程技术等方面的专家学者
S11：社会公众	对特大型工程项目比较关心的非项目所在地的普通群众
S12：媒体	报纸、网络、广播等传统媒体和新媒体平台及其从业者
S13：社会组织	对特大型工程项目比较关注的环境保护、社会发展等方面的社会组织

4. 初步识别出的特大型工程项目社会稳定风险因素如表2。

表2 特大型工程项目的社会稳定风险因素

社会稳定风险因素		社会稳定风险因素的说明
经济因素	R1：项目建设财务问题	项目建设过程中的预算超支、费用拖欠等问题
	R2：当地经济发展质量问题	项目对当地资源环境的破坏而造成的经济发展质量低下
	R3：受影响群众利益补偿问题	受影响群众的补偿不合理、不公平等
	R4：市场风险问题	外部市场的价格、利率、汇率的波动等
社会因素	R5：社会治安问题	项目建设导致项目所在地社会治安的恶化
	R6：居民生活质量问题	项目建设降低了当地居民的生活质量
	R7：居民健康问题	项目建设影响了当地居民身心健康
	R8：失业问题	项目建设影响了当地居民的就业
自然因素	R9：环境污染问题	项目建设造成了当地较为严重的环境污染
	R10：生态破坏问题	项目建设对当地的生态环境造成了破坏
	R11：不可预见的自然问题	台风暴雨等以及由此引发的泥石流、山体滑坡次生灾害
其他因素	R12：项目管理问题	项目实施中各相关方的不协调
	R13：工程技术问题	项目建设过程中出现的各类技术问题
	R14：项目进度问题	项目不能按时完工等项目进度控制问题
	R15：文化冲突问题	项目建设对当地文化造成的破坏

填表说明：请您根据您对各类特大型工程项目的实际了解以及上述资料，分三步完成表3。

第一步：您认为特大型工程项目包括哪些利益相关者，请依次在表3的第一列列出，您既可以从表1中选择，也可补充其他利益相关者填入。

第二步：您认为特大型工程项目的社会稳定风险因素有哪些，请依次在表3的第一行列出，您既可以从表2中选择，也可补充其他因素填入。

第三步：您认为各利益相关者会与哪些风险因素有关系，如果某一利益相关者与某一风险因素有关系，则在相应表格中打"√"，无影响则不填。例如，如果您认为S1与R1、R3、R5有关系，则在S1与R1、R3、R5交叉的格子中打"√"。

需要说明的是：这里的关系指这一利益相关者受到这一风险因素的较大直接影响或者这一利益相关者非常关注这一风险因素，间接的以及不能直接显现在社会中的较小影响都可以忽略不计。例如一般认为市场风险问题会直接影响项目法人、承包商等，通过他们可能会间接影响到施工人员，但在此处我们就不认为施工人员与市场风险问题有关系；再比如供应商并不会特别关注文化冲突问题，或者说是文化冲突问题对供应商有影响但较小，在此处我们也认为两者不存在关系。

您可以从您周围的特大型工程建设活动或者您印象最深刻的特大型工程项目中考虑进行思考！

表 3 特大型工程项目利益相关者与社会稳定风险因素的关系表

风险因素 利益相关者																……
……																

问卷到此结束，再次感谢您的支持！